Peter Arlt

MYTHOS UND FIGUR

Doch das Antike find ich zu lebendig

mit Beiträgen von

Bernd Schäfer

Allmuth Schuttwolf

Uta Wallenstein

Ute Däberitz

Gabriele Roth

SCHLOSSMUSEUM GOTHA SCHLOSS FRIEDENSTEIN 1. SEPTEMBER BIS 11. NOVEMBER 2001

Inhaltsverzeichnis

Geleitwort

„Doch das Antike find ich zu lebendig", lässt Goethe seinen Mephisto sagen. Die Veranstalter stellen diesen Satz ihrer Ausstellung voran, wohl wissend, dass es dieses Autoritätsbeweises eigentlich nicht bedürfte, um die Lebenskraft der griechischen Mythologie nachzuweisen. Über Jahrhunderte haben sich Menschen mit ihren in prallen, lebensvollen Bildern überlieferten Geschichten auseinandergesetzt. Sie haben mit ihren Helden Siege gefeiert und haben deren Niederlagen erlitten. Sie haben Fantastisches erfahren, in Abgründe geblickt und oft genug die nahe Verwandtschaft von Großartigem und Banalem gespürt. Kurzum, sie haben sich selbst wiedergefunden mit ihren Wünschen und Sehnsüchten, mit ihren Drang zur Solidarisierung, mit den kleinen und größeren Siegen und Niederlagen des Lebens. Immer ist es des Lebens ganze, unverkürzte Fülle gewesen, die aus den Geschichten um die Griechen und die Vielzahl ihrer Götter und Heroen strömte. Dennoch haben diese Geschichten die Strenge des christlichen Mittelalters überdauert, bis ihnen die Renaissance eine grandiose Wiedergeburt bescherte. Die kleinen und großen Fürsten des 17. und 18. Jahrhunderts gefielen sich, den Staatsgedanken repräsentierend, in göttlicher oder heroischer Pose. Doch selbst in den von anderen Prioritätssetzungen geprägten späteren Generationen des einsetzenden und fortschreitenden Industriezeitalters verlor die reiche Überlieferung der griechischen Mythologie ihre Präsenz nicht, und sei es nur als Lehrstoff humanistischer Gymnasien und ein als unveräußerlich verstandenes Bildungsgut bürgerlicher Eliten.

Künstler aller Zeiten haben aus diesem reichen Quell geschöpft. Ihnen verdanken wir einen unerschöpflich scheinenden Bilderschatz. Es ist Illustration von Geschehenem, künstlerische Interpretation von Themen und Problemstellungen und Ergebnis nicht selten respektlosen kritischen Hinterfragens. Vor allem aber haben uns die Künstler immer wieder die Gewissheit von der ungebrochenen Aktualität des Stoffes vermittelt.

Das Gothaer Schlossmuseum nimmt sich nun dieses Themas erneut an. Es ist dem Kurator Peter Arlt, Professor an der Universität Erfurt, und dem Museumsteam zu danken, dass es auf eine dezentrale Ausstellungsform setzt, um gerade den Nachweis der Lebendigkeit schlüssiger erbringen zu können. Aufbauend auf den historisch gewachsenen reichen Beständen der Sammlung des Gothaer Schlossmuseums wird ein ausgewählter Kreis von Künstlern einbezogen, deren Schaffen zumeist bereits in den Jahren der DDR auch von der Neugier auf das ganz Alte getrieben war und dabei bemerkenswert Aktuelles hervorzubringen verstand. Die Präsentation der Karikatur in einer eigenen kleinen Schau wird, so ist zu hoffen, von den Besuchern in besonderer Weise honoriert werden. Und schließlich wird es mit der Einbeziehung der Kunsterziehung einen Brückenschlag zwischen mehreren, dem bildnerischen Schaffen verbundenen Bereichen geben, der in dieser deutlichen Bekennerschaft selten ist. Dem Schlossmuseum Gotha ist zu diesem Vorhaben von ganzem Herzen Erfolg zu wünschen.

Dr. Karl-Heinz Hänel
Thüringer Ministerium für Wissenschaft,
Forschung und Kunst

PETER ARLT

Einleitung

„Zwar sind auch wir von Herzen unanständig,
Doch das Antike find ich zu lebendig;
Das müßte man mit neustem Sinn bemeistern
Und mannigfaltig modisch überkleistern."

Der ironische Ton verrät ihn, Mephisto, den Goethe solches in *Faust II* (2. Akt) sagen lässt. Unser Nationalheros sah durchaus kritisch, wie die Antike von seinen Zeitgenossen angeeignet wurde. Über seinen Umgang mit der Antike erfahren wir aus dem Gespräch mit Eckermann am 21. Februar 1831:

„,Das Altertum', sagte ich [Eckermann], ,mußte Ihnen doch sehr lebendig sein, um alle jene Figuren wieder so frisch ins Leben treten zu lassen und sie mit solcher Freiheit zu gebrauchen und zu behandeln, wie Sie es getan haben.'

,Ohne eine lebenslängliche Beschäftigung mit der bildenden Kunst', sagte Goethe, ,wäre es mir nicht möglich gewesen. Das Schwierige indessen war, sich bei so großer Fülle mäßig zu halten und alle solche Figuren abzulehnen, die nicht durchaus zu meiner Intention paßten'."

Zu den Figuren des Mythos gehörte der Apollo von Belvedere, dessen Büste Goethe in einem Gipsabdruck 1782 vom Herzog von Gotha geschenkt wurde. Die Referenz Goethes gegenüber der mythosbezogenen bildenden Kunst führt uns zu unserem Thema.

Was macht den besonderen Reiz griechischer Mythen aus, dass sie über alle Zeiten hinweg von Künstlern aufgegriffen werden? In ihnen ist millionenfache Erfahrung gesammelt. Mythen sind von sinntiefer Bildlichkeit, von prägnanter Sinnbildlichkeit, sie sind Sinnstrukturen. Wenn beispielsweise aus dem Rumpfe der von Perseus geköpften Schreckensfigur Medusa das edle geflügelte Pferd Pegasos entspringt, wird erfahrbar, wie die griechischen Mythen geprägt sind von Mannigfaltigkeit und Komplexität, einer spontanen Dialektik, von dem Kampf der Gegensätze, beständigem Werden und Vergehen, von Sinnlichkeit und Anthropomorphismus. In den Mythen haben sich nach Fritz Jürß „Typen menschlicher Grundbefindlichkeit, Muster von Verhaltensweisen und anderes mehr anschaulich verdichtet" (S. 40). Die Verhaltensmuster erscheinen in exemplarischen Gestalten des Mythos, wie Prometheus, Ikarus, Sisyphos, Marsyas, Kassandra, Narziss oder Odysseus. Sie sind wiederkehrende Bilder, in denen sich wie in leitenden Begriffen oder Schlüsselwörtern, ein geistiger Zustand als Reflex übergreifender geistiger und letzlich sozialer Zustände und Bewegungen geschichtsabhängig äußert. Andererseits ist die Zugehörigkeit zu einer Zeit mitgeformt von Codeworten, Denkschemata und Leitbildern, in denen sich nach Pierre Bourdieu „das kulturell Unbewußte einer Epoche" offenbart.

Im semantischen „Grundinventar" einer Zeit behauptet sich die Bildsprache der Mythen. Sie werden vom Homo absconditus, dem tiefsinnigen Menschen, zu allen Zeiten in Kunst und Literatur, in der Sprache des Alltags und der Politik als Sinnstrukturen erkannt und immer wieder mit konkreten, ähnlichen wie verschiedenen Erfahrungen gefüllt. Diese verjüngen und erneuern sie durch ständige Abweichungen mit Hintersinn und Mehrdeutigkeit. In der historischen Überformung der Mythen äußern sich Bedürfnisse und Denkformen der jeweiligen Epoche. Mythologische Gestalten erscheinen oft als Paradigmen des Menschen.

Blickt man auf die europäische Kunstgeschichte, so stellen sich für die verschiedenen Perioden unterschiedliche mythologische Leitthemen heraus. In der Renaissance war die Geburt der Aphrodite leitthematischer Ausdruck für den Gewinn an Diesseitigkeit und die Entdeckung des Menschen und der Welt, wie die Bändigung des Kentauren durch Athena die Beherrschung des Naturwesens und der Instinkte symbolisiert. Im Barock sind die mythologischen Leitfiguren Zeus und Herakles symbolische Gestalten der Macht, Kraft und Gewalt. Dagegen treten im Rokoko die Liebeleien der Aphrodite und die aufreizende Mischung aus Erotik und Keuschheit bei der badenden Artemis als Leitbilder des galanten

Abb. 1 Satyr, attisch-rotfiguriger Skyphos, um 460/450 v. Chr.

Zeitalters in den Vordergrund. Oder im Klassizismus dominiert der erhabene, die Ratio verkörpernde und das Volk lehrende Apollon. Nach einem Wort Karl Friedrich Schinkels fängt mit dem antiken Erbe und seiner Weiterführung „europäisches Prinzip" an.

In den historischen Räumen des Schlosses Friedenstein in Gotha und seinen Sammlungen von antiker Kunst, von Malerei, Plastik, Grafik, Medaillen und Kunsthandwerk aus der Renaissance, dem Barock und Klassizismus lässt sich die Produktivität des antiken Mythos in langer Dauer nachweisen. Exemplarische Bestände des Schlossmuseums werden am angestammten Ort in ein besonderes Licht gerückt. Dieser Teil der Ausstellung steht für *Vergangenheit* und wird mit dem Ausstellungslogo hervorgehoben, einem rotfigurigen Satyr. Er stammt von einem attischen Skyphos, um 460-450 v. Chr., aus der Gothaer Antikensammlung (Ava 103). Abb.1 Dieser bärtige, glatzköpfige Naturdämon mit Pferdeschwanz und Bockshörnern, aber menschlichen Füßen scheint tastend zu schreiten, schwankend zu gehen. Er verfolgt trunken und lüstern eine Frau. Mit einem Satyr oder Faun aus dem Umfeld des Dionysos (Bacchus) verbindet sich sinnbildlich das zum Lebensrausch gesteigerte menschliche Sein.

Zum ekstatischen Schwelgen auf dem antiken Vasenbild bildet die expressiv ausfahrende Holzskulptur von Hans Scheib *Io* ein Gegenstück aus zeitlicher und inhaltlicher Perspektive. Sie ist als ein Beispiel der *Schindung* im Gegenwartsteil von *Mythos und Figur* in der Ausstellungshalle zu finden. In wilder Heftigkeit und mit angstgeweiteten Augen rennt Io, die von der eifersüchtigen Hera gepeinigte Geliebte des Zeus. Von Scheib aus ihrer mythischen Verwandlung in eine Kuh befreit, berührt das Schicksal der menschengestaltigen Io tiefer. Sie ist ein Bild einer bis aufs Blut Gepeinigten, die fast stürzend vor ihrer Pein davon läuft. Im Mythos ist es eine stechende Bremse; doch was alles kann gleich dieser die Menschen durch die Länder jagen? Io erleidet ein „Qualenjoch", „wahnsinngeißelnde Angst" und „wirres Schweifen", wie es in dem Aischylos zugeschriebenen Drama „Der gefesselte Prometheus" heißt. Io ist Metapher für ein endloses menschliches Leiden, Heimatlosigkeit, Suche nach Geborgenheit. Seit der Antike jagt sie mal um mal durch Zeiten und Länder.

Noch immer sehen Künstler im Phantasiereichtum antiker Mythen zwischen Schwelgen und Schindung aktuelle Wahrnehmungs- und Deutungsmuster. Dem Aufgreifen mythologischer Stoffe in Kunst und Literatur des 20. Jahrhunderts gab Sigmund Freud durch die Psychoanalyse entscheidende Impulse, weiterhin C. G. Jung, der mythologische Gestalten über allgegenwärtig wirkende Triebe hinaus als „Archetypen" gedeutet hat. Viele Künstler der verschiedensten „Ismen" griffen auf den antiken Mythos zurück, wobei die Suche nach menschheitlichem Gleichnis, nach prägnanter Bildform oder auch nach sinnlich Figuralem bis heute bestimmend war. Es gehört zweifellos zu den Besonderheiten der jüngsten Vergangenheit, dass in der Kunst der Bundesrepublik Deutschland und gravierender noch in der Kunst der DDR mythologische Gestalten, wie Ikarus, Kassandra, Prometheus, geradezu als Paradigmen gelten konnten, mit denen die bildenden Künstler die gesellschaftliche Verständigung über Lebenspraxis befördert haben. Dies bleibt offenbar weiter aktuell.

In der Ausstellung soll die Fruchtbarkeit des antiken Mythos für die Kunst der unmittelbaren Gegenwart in Deutschland erlebbar werden. Sie versammelt einige der wichtigsten Künstler, die es zu Mythos und Figur, zu figürlicher Gestaltung und Mythosrezeption, gegenwärtig in Deutschland gibt. Nur zwei gewünschte östlich-westliche Künstler waren aus verschiedenen Gründen trotz ihrer Sympathie für das Projekt nicht zu bekommen. Die früheste Arbeit ist die Skulptur *Io*, die der von Ost- nach West-Berlin übersiedelte Scheib 1988 geschaffen hat. Abb.2 Die meisten Arbeiten stammen aus den letzten fünf Jahren, mehrere sind jüngsten Datums und eigens für diese Ausstellung entstanden. Aus den für *Mythos und Figur* geschriebenen Künstlerbekenntnissen, die im Katalog wiedergegeben werden, erfährt der Leser eine Bekräftigung seiner Ahnungen gegenüber den Kunstwerken. Wichtig ist den Künstlern am Mythos der Phantasiereichtum der Ur-Bilder, die Zeitbezogenheit und Aktualität der Mythen, die ihnen Muster des menschlichen Verhaltens liefern. Dabei ist die Konfliktgeladenheit der Mythen, ihre Kritikpotenz für nicht wenige Künstler von Belang, aber nicht um die Kritik hinter äsopscher Sklavensprache zu verstecken, sondern den Kassandraruf so bildhaft wie klar zu Gehör zu bringen. Dies geschieht kaum in narrativer Darstellung, vielmehr in der Suche nach der Metapher. Das zwingt dazu, sich im Sinne Goethes bei der Fülle der mythologischen Stoffe *mäßig zu halten* und solche Figuren zu wählen, die zur Intention passen. Ähnlich wie in der Musik herrschen große Gefühle und dramatische Entwicklungen vor. Oft ist der thematische Bezug auf einen griechisch-römischen Mythos nur Mittel, um in eine Richtung zu deuten, in welcher ebenso christliche oder profanikonographische Themen liegen können, die sich im Sinne eines Grundthemas oder eines Topos' zusammenschließen lassen. Dieser stellt ein Deutungsmuster von genügend großer Allgemeinheit dar, in dem viele Besonderheiten Platz finden. In den Überlieferungen verschiedener Kulturen gibt es Vergleichbares: von der Schöpfung, von Tod und Auferstehung, von Unterweltsfahrten oder großen Fluten. So fragt der biblische Prediger Salomo wie ein Bruder des Sisyphos nach dem Gewinn für all die Mühe, die er im Leben gehabt hat. So könnte auch im antiken Mythos selbst von Topoi gesprochen werden, beispielsweise von einem Aufstiegs- und Sturz-Topos, unter dem sich Ikarus, Phaeton oder Bellerophon subsumieren lassen oder von einem Bestrafungstopos, der so viele Fälle kennt, wie Sisyphos, Tantalos, Ixion, Io. Deshalb fassen wir die unterschiedlichen und zugleich verwandten

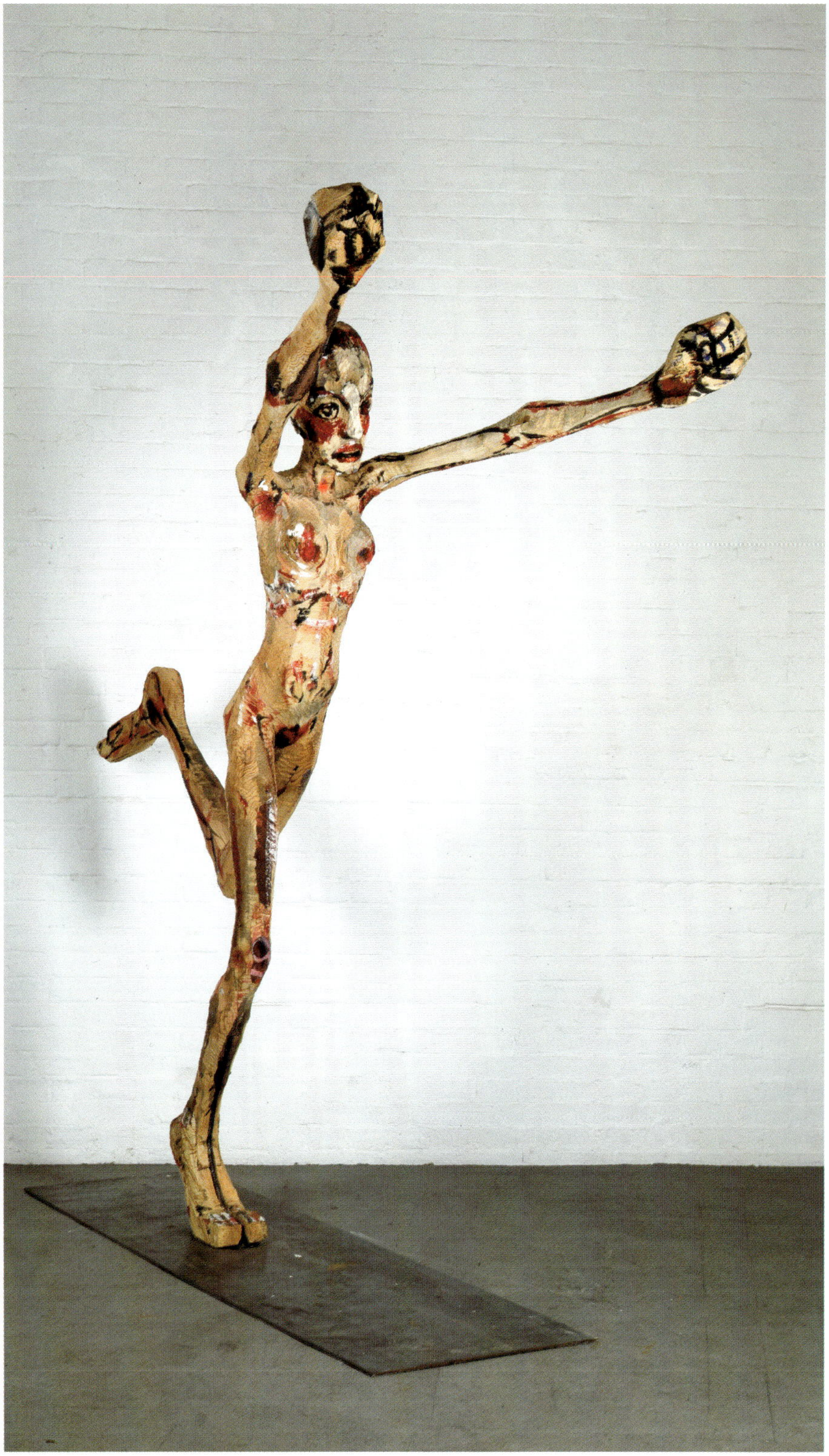

Abb. 2 Hans Scheib, Io, 1988, Holz/Farbe/Stahl, 240 x 115 x 200 cm

Werke der Künstler unter *Erschaffung, Schwelgen, Schindung* und *Verwandlung* zusammen. Mit der Bezogenheit der antiken Mythen auf die menschliche Gestalt erscheint der Titel der Ausstellung *Mythos und Figur* als griffige Formel, mit welcher zudem der Hauptausdrucksträger der Kunst, die menschliche Figur, hervorgehoben wird. Aktuelle Präferenzen des Kunstmarktes lassen zwar manchem in der Zeit der neuen Medien, der Virtualität und der endlosen Ausdifferenzierung der Kunst vielleicht Bilder und Plastiken mit menschlicher Figur als überholt erscheinen. Nicht ganz unverständlich, da der Mensch massenhaft überflüssig zu werden scheint. Freilich werden in der Kunst unserer Zeit ebenso andere durchaus beeindruckende Mythenvergegenwärtigungen kreiert, wie die Performance *Grazienkongress* von und mit Lili Fischer in Weimar 1999 oder Rebecca Horns *Drei Grazien*, die in Gestalt von vergoldeten Speerformen über den Besuchern der Wandelhalle im Bundesrat schweben und sich bewegen, drohend wie das Schwert des Damokles. Doch die menschliche Figur, dieses ad hominem, am Menschen zu demonstrieren, besitzt in der Geschichte der Kunst einen besonderen Rang. Sie ist so etwas wie die Muttersprache der Kunst, weil sie über die sinnliche Erfahrung, über die Sprache der Ausdrucksreaktionen, die jeder in seinem Leben lernt, Mitteilung zu machen vermag, insbesondere wenn sie mit einem aussagekräftigen geistigen Medium, wie der antik-mythologischen oder auch der christlichen Ikonographie, verbunden ist. Damit wird einem platten, unmittelbaren Realismus begegnet und Einspruch erhoben gegen den „Absolutismus der Wirklichkeit", worin Hans Blumenberg einen Grund für den Mythos sah. Als tragende Verbindung aller Künstler der Ausstellung erweisen sich also ihre Sinnvergewisserung im antiken Mythos und in der Tradition figürlicher Kunst sowie in der Geschichte der künstlerischen Gattungen Malerei, Plastik, Handzeichnung, Grafik. Die Künstler schätzen „tekne", wie bei den Alten Kunst hieß, als eine wichtige Voraussetzung für Kunst. Dieser dreifache Traditionsbezug erscheint wie eine zeitgemäße Reaktion auf den jagenden Prozess künstlerischer Innovation, als eine Form der „Entschleunigung" und Besinnung.

Am Beginn eines neuen Jahrtausends kann uns die Frage interessieren: Was sind die Urbilder des modernen Menschen? Sind es Prometheus oder Odysseus, die ihr Schicksal selbst, unabhängig vom Willen der Götter oder jenen, die sich dafür halten, bestimmen wollen? Ist es der in sich selbst verliebte Narziss? Oder ist es Sisyphos, dessen Stein wieder einmal zum Grunde gerollt ist? Oder die Leidensfigur Marsyas? Könnte es Daidalos sein, der in sicherer Höhe fliegt oder sein kühn auffliegender, doch abstürzender Sohn Ikaros? Die Künstler der Ausstellung *Mythos und Figur* geben darauf, ob in Bildern und Skulpturen, ob im Satyrspiel der Karikatur im Brettersaal, eine Antwort, ihre Antwort.

In ihren Werken treffen wir auf mythische Gestalten und ihre Geschicke zwischen Schwelgen und Schindung. Wäre es so, daß die griechischen Mythen nur alte Geschichten sind ohne Beziehung zu unserem Leben, sie glichen dem vertrockneten Granatapfel oder Tithonos, dem ewiges Leben, doch keine bleibende Jugend beschieden war. Aber sie sind gerade auch hier frisch und prall, gefüllt mit der Liebe der Künstler, ihrem Zorn, ihrer Angst und Bosheit, mit dem Abenteuer ihres Lebens.

Den Reigen der Bilder zum Mythos beschließen Zeichnungen von Kindern und Jugendlichen. Mit kräftigen Farben und unbekümmerten Zugriff auf den Mythos sprengen diese die weiß-gelbe Stille eines klassizistischen Raumes. Sie geben Hoffnung, dass der antike Mythos auch künftig lebendig gehalten wird. So öffnet sich die Trinität der Zeiten von der Vergangenheit zur Gegenwart in die Zukunft.

Bilder sind eine Entdeckungsfahrt ins kulturelle Unterbewußtsein der Menschheit. Und wenn Kunst, nach Jean Paul, *zwar nicht das Brot, aber der Wein des Lebens (ist)*, so lassen Mythos und Figur dieser Ausstellung bei allem tragischen Klang das Leben hochleben. Genießen wir den Wein dieser Bilder und Skulpturen.

„In dieser Beziehung
müssen wir gestehen,
dass griechische Mythen
das fortgesetzte Werk
freier Dichtkunst waren,
wo wenigstens immer
ein Ursprüngliches, Geniales,
Natürliches erkannt werden kann
und daher die Zeit
der griechischen Kultur
höchste Offenbarung (ist),
woran wir noch immer nagen,
und die uns hält zwischen
den Unbillen der Zeit.
Von da fängt
europäisches Prinzip an,
und es wird
durch den griechischen Geist
immer fortgehalten."
Karl Friedrich Schinkel

V E R G A N G E N H E I T

Mythos und Figur im Schloss Friedenstein und in seinen Sammlungen

Bernd Schäfer

Schloss Friedenstein und seine Sammlungen

Schloss Friedenstein stellt in seinen gewaltigen Ausmaßen, 140 x 100 m Flügellänge, nicht nur ein Novum in der Baugeschichte dar – erstes vollendetes Hufeisen Deutschlands, sondern ist auch einer der ersten universalen Schlossbauten im Sinne des Absolutismus. Der Bau vereinigte alle wesentlichen Funktionalbereiche, von den Behörden über die Wirtschafts- und Versorgungseinrichtungen bis hin zu Repräsentation- und Kulturstätten wie Bibliothek, Kunstkammer und Theater unter einem Dach.

Die Friedensteinschen Sammlungen schon zu Beginn des 18. Jahrhunderts über die Landesgrenzen hinweg gerühmt, vereinen Zeugnisse der National- und Weltkultur. Werke der Malerei, Grafik, Plastik und des Kunsthandwerks, Münzen, Medaillen, wissenschaftspublizistische und bibliophile Kostbarkeiten, Sachzeugen gesellschaftlicher, naturgeschichtlicher und technischer Entwicklung belegen weitsichtiges Sammeln, erfolgreiche Erwerbstätigkeit und auch kenntnisreiche Betreuung der Werte. Heute werden sie im Schlossmuseum, weiteren spezialisierten musealen Einrichtungen von Rang, einem der reichsten Münzkabinette der Bundesrepublik und der international anerkannten Forschungsbibliothek bewahrt und bearbeitet.

Herzog Ernst der Fromme (1601-1675), erster Regent des jungen, relativ großen Fürstentums, richtete mit dem Bezug der neuen Residenz eine „Kunstkammer" ein. Was heute im Schlossmuseum in speziellen Abteilungen an Sammlungen betreut wird, war in der Institution Kunstkammer umfangreich oder im Ansatz bereits vorhanden: Gemälde, Druckgrafik, Zeichnungen, Münzen, Medaillen, Plaketten, Antiken, Ostasiatica, Zeugnisse der ägyptischen Kunst und Kultur, völkerkundliche Exponate, Möbel und manches andere.

Seit Jahren ist es das Anliegen der Mitarbeiter des Gothaer Schlossmuseums, die international bedeutsamen Sammlungen beständig einem auch internationalem Publikum zu öffnen. Alle Großausstellungen der letzten Jahre trugen dem Rechnung und verbanden hochkarätige Leihgaben mit eigenen Beständen, eigener Sammlung und Geschichte.

Die Sonderausstellung *Mythos und Figur. Doch die Antike find ich zu lebendig* knüpft an zwei frühere Präsentationen an, die vom gleichen Kurator, Prof. Dr. Arlt, konzipiert wurden, 1986 *Das Urteil des Paris in der bildenden Kunst der DDR* und 1989 *AntikWandel. Mythos und Antike in der DDR-Karikatur.* Aktuelle Werke der Malerei, Zeichnung und Skulptur, karikaturistische Auseinandersetzung mit der antiken Mythologie, Schülerarbeiten, die im Rahmen eines Wettbewerbes an Schulen Gothas und in museumspädagogischen Veranstaltungen entstanden sind, sowie die Einbeziehung historischer Sammlungsbestände und Raumdekorationen unter dem Aspekt der Mythosrezeption, bieten dem Besucher ein vielfältiges Spektrum zu diesem Thema.

Die unterschiedlichen Ausstellungsteile – auch Ausstellungsorte im Schlossmuseum – werden sinnfällig miteinander verbunden, schlagen den Bogen von Vergangenheit zur Zukunft und bieten in besonderer Weise die Möglichkeit eines verständnisvollen Umganges mit der künstlerischen Umsetzung des antiken Mythos. Die Ausstellung ist eine weitere gute Gelegenheit auf den überregionalen Rang der Gothaer Kunstsammlungen und ihre fruchtbringende Bedeutung für das zeitgenössische Kunstschaffen zu verweisen.

Bernd Schäfer

Historische Räume des Barock

Abb. 3 Jupiter, Kaminaufsatz westlicher Vorsaal, Stuckarbeit der Gebrüder Rust, 1687

Der Tod Herzog Ernst des Frommen (1675) führte zu tiefgreifenden Veränderungen in der fürstlichen Hofhaltung. Nach französischem Vorbild wurde nicht nur das höfische Zeremoniell gestaltet und mit aufwendiger Prachtentfaltung zelebriert, sondern auch die vorhandenen, dem neuen Zeitgeschmack nicht mehr entsprechenden Räumlichkeiten grundlegend umgestaltet. Entscheidender Anlass war die Sachsen-Gothaische Erbteilung (24. 02. 1680) auf Grund dessen sechs neue Landesteile mit jeweiligen Residenzen entstanden, die alle aufwendig und prachtvoll ausgestattet wurden und denen das Stammhaus Gotha nicht nachstehen konnte und wollte. Die Stuckateure Giovanni Caroverie und die Gebrüder Samuel und Johann Peter Rust schufen ab 1684 barocke Repräsentationsräume, deren außergewöhnlich üppige Decken- und zum Teil Wandgestaltung auf römisch-imperiale Dekorationsformen und mythisch allegorischen Figurenschmuck der Antike zurückgreifen. Eine Dekoration und Ausstattung im Dienste des Gothaer Herrscherhauses!

Beginnt der Rundgang im sogenannten *Westlichen Vorsaal*, erblickt man den blitzeschleudernden Jupiter, dessen athletische Gestalt von dem ihm beigegebenen Adler nur mühsam getragen wird. Abb. 3 Wichtiger schien dem barocken Künstler wohl die Verbindung zwischen herzoglichem Allianzwappen und dem darüberthronenden, das Gothaische Herrscherhaus so gleichsam beschützenden Jupiter-Herzog. Die Entstehungszeit (dat. 1687) weist auf Herzog Friedrich I. von Sachsen – Gotha und Altenburg hin und erlaubt den sinnfälligen Vergleich, dass er – wie Jupiter – das Reich seines Vaters nach langen Wirrnissen letzlich mit seinen Brüdern teilte und in göttlicher Würde regierte.

Das in gleichem Zeitraum geschaffene *Audienzzimmer*, mit durchgestalteten Wand- und Deckenstuckaturen scheint mit seinen einzig figürlich gestaltetem Schmuckelement gleichgelagerte Ursachen zu haben. Eine über dem Kaminsims zwischen erbeuteten Fahnen, Geschützrohren und antikisierenden Feldherrenpanzern, thronende Fama mit Siegespalme und Feldtrompete, dic als Ruhmesgöttin zudem die Rolle der Siegesgöttin Victoria mit übernommen hat. Abb. 4 Sichtbares Siegeszeichen und Triumph über die gothaischen Nebenlinien und wohl auch als Zeichen des siegreichen Feldzuges gegen die Türken vor Wien (1683) an dem Herzog Friedrich I. mit seinen Truppen aktiven Anteil hatte.

Die im Anschluss folgenden Prunkgemächer – Arbeitskabinett, Ankleide- und Betkabinett, Schlafgemach und der beeindruckende Festsaal, weisen gleichfalls programmatische Stuckgestaltungen auf.

Das *Arbeitszimmer* wird zum Olymp, der regierende Herzog in die Schar der versammelten Götter gleichsam als ebenbürtig aufgenommen. Jupiter, Saturn, Victoria, Aurora, Mars, Merkur, Apollo und Venus mit Amorknaben haben sich versammelt um den Regenten mit Rat und Tat in seinem verantwortungsvollen irdischem Amte zu leiten und zu unterstützen. Ganz selbstverständlich sind in ihren Reigen die herzoglichen Wappen aufgenommen worden und über die „Vertrauensstellung" die der Herzog bei den Göttern genießt, zeugt nicht zuletzt ihre meist sehr freizügige Darstellung. Abb. 5

Im kombinierten *Ankleide- und Betkabinett* ist der Vorraum thematisch von Interesse. Die Hauptszene des Mittelplafonds stellt den Raub der Proserpina dar. Ein jugendlicher, kraftvoller Pluto umfasst die sich sträubende Proserpina während sich das Viergespann des Gottes der Unterwelt schon in vollem Galopp befindet.

Die Ecken des Vorraumes schmücken die sogenannten „Herrschertugenden" wie sie landläufig bezeichnet werden. Richtiger aber die Personifizierungen von: der Fama/Victoria, umgeben von Fahnen, antiken Rüstteilen, Geschützrohren u. a. Attribute. In den Händen hält sie die obligatorische Siegespalme und eine Feldtrompete. Apollo, als Sinnbild für die Musen zeigt sich ,die Harfe/Lyra schlagend, inmitten von verschiedensten Musikinstrumenten und Notenbüchern. Die Glücksgöttin Fortuna tanzt mit wehendem Schleier in einem Nachen umgeben von Fahnen und unterschiedlichstem maritimen Beiwerk. Minerva thront gegürtet und mit einem Kriegshelm gerüstet zwischen Adler und Löwen, Füllhörnern und Bündeln brennender Fackeln. Vor ihren Füßen das unheilbringende Schild der Medusa. Wachsam und verteidigungsbereit mit den beiden Herrschersymbolen Adler und Löwe wird sie somit auch zur Beschützerin des Gothaer Herrscherhauses. Abb. 6

Dem fürstlichen *Schlafgemach* kommt in der barocken Hofhaltung eine große repräsentative Aufgabe zu, nicht zuletzt mussten dessen prachtvolle allegorische wie mythologische Themen vermischende Ausstattung auch offiziellen Empfängen stand halten.

Ein üppiger Amorettenreigen mit Blattranken, überquellenden Füllhörnern und Blumenbouquetts füllen die Decke und umziehen einen stuckierten Früchtekranz, der Rahmen einer

Abb. 4 Fama/Victoria, Kaminaufsatz Audienzzimmer, Stuckarbeit Giovanni Caroveri, um 1683/85

gemalten Apotheose auf Herzog Friedrich II. ist. Sinnbildlich wird der Zugang zum Schlafalkoven flankiert von Venus und Adonis, deren Namen noch heute für vollendete Schönheit stehen. Der Plafond des Alkovens bleibt Venus selbst vorbehalten die im entscheidenden Moment – der Verwundung durch Amors Pfeil dargestellt wird.

Der auffallend üppige Kaminaufsatz zitiert gleich mehrfach Gott Jupiter. Sein Adler hält in seinem Schnabel mühsam die schweren Blatt- und Früchtegirlanden. Die neben ihm sitzenden Putten spielen übermütig und ausgelassen mit Jupiters Herrscherattributen, Blitzbündeln und Weltkugelzeptern. Das Herrscherpaar, vor allem der Herzog, wird hier in einer Kulisse präsentiert, die an seiner göttlichen Rolle im irdischen Leben – und auch im intimsten Teil des Tagesablaufes – keine Zweifel offen lässt und stets daran erinnern. In dieses zeremonielle Programm wird auch der weitläufige *Festsaal* aufgenommen. Den Deckenschmuck bilden eine Reihe von Satyrn die schwere Fruchtgirlanden tragen. Tänzerisch umziehen sie hiermit die durch einen Unterzug in zwei gleichgroße Flächen geteilte Decke. Vier Atlanten tragen auf ihrem Nacken, mit ihren ausgebreiteten Armen umfassend, gigantische Vasen aus denen überreich unterschiedlichste Girlanden quellen. Abb.7 Vier Götterpaare sind symmetrisch in die Deckengestaltung eingegliedert worden. Aphrodite, zweimal begleitet vom jugendlichen Neptun, zweimal vom vollbärtigen Alten. Hermenpaare in barocken Windungen und Posen umziehen als Fackel- und Wappenhalter den Raum. Den Namen des Herzogs verherrlichend und preisend – der uns in ligierter Form in den gesprengten Giebeln über den Hauptgiebeln präsentiert wird – haben sich Ruhmesgöttinnen mit ihren Feldposaunen daneben niedergelassen.

Abb. 5 Das Herzogliche Landeswappen mit Saturn und Victoria, Deckenmotiv im Herzoglichen Arbeitskabinett
Stuckarbeit von Giovanni Caroveri, um 1683/85

Ein vollendetes Programm – ganz im Sinne einer barocken Hofhaltung erdacht und einzig zur Verherrlichung des Fürsten und seiner geführten Regentschaft erdacht – bezieht hier seine wesentliche Anregung aus dem überreichen Schatz von antiken Dekorationsformen und den Mythen der Antike. Ganz selbstverständlich werden die göttlichen Gestalten mit ihren Attributen zu dienstbaren Geistern, die dem Gothaer Herrscherhaus beratend und schützend zur Seite stehen. Man ist versucht eine Devise zu wählen „Wenn sie für mich sind – wer kann dann gegen mich sein".
Ein Selbstverständnis barocker Prachtentfaltung aber voller Sinnigkeit – oft erst auf den zweiten Blick erkennbar – wird uns hier in *Mythos und Figur* vorgeführt.

Abb. 6
Minerva
Deckenmotiv im Herzoglichen Ankleide- und Betkabinett
Stuckarbeit von Giovanni Caroveri
um 1683/85

Abb. 7
Atlas mit Faunen
Deckenmotiv aus dem Fest- und Thronsaal
Stuckarbeit der Gebrüder Rust
um 1687/97

Uta Wallenstein

Antiken und Mythos

Abb. 8 Tarporlaymaler, Dionysos mit Satyr und Mänade, rotfiguriger Glockenkrater, 390/380 v. Chr., Höhe 43,2 cm

Bereits unter Herzog Ernst I. (1640-1675) von Sachsen-Gotha-Altenburg befanden sich Einzelobjekte aus dem Altertum als Artificalia unter den Friedensteinschen Kunstkammerbeständen (Inventarium, fol. 24).

Als Exotica bzw. Zeugnisse fremder und längst vergangener Kulturen waren antike Kunstgegenstände und Aegyptiaca allgemein fester Bestandteil der gleichsam nach enzyklopädischen Gesichtspunkten und als Mikrokosmos angelegten barocken Kunst- und Wunderkammern. In den folgenden Jahrhunderten wurde der Bereich Antike durch die Gothaer Herzöge und die Sammlungsbetreuer schrittweise ausgebaut.

Im Jahre 1808 gelangten fünf antike Tongefäße aus Italien nach Gotha. Der Prinz von Sachsen-Gotha-Altenburg, Friedrich IV. (1822-1825), erhielt sie von Papst Pius VII. und Königin Caroline von Neapel zum Geschenk. Auf letztere läßt sich u.a. der apulische Glockenkrater vom Tarporleymaler aus der Zeit 390/80 v. Chr. zurückführen. Abb.8 Auf dem Hauptbild ist Dionysos mit dem für ihn typischen Thyrsosstab, nach links eilend dargestellt. Vor ihm tanzt eine Mänade, ein großes Tamburin schlagend. Hinter ihm schließt sich ein Satyr dem Zug an, der als Sinnbild des Weinkonsums einen Krater trägt. Dionysos, der Gott des Weinbaus, der Fruchtbarkeit, Symbolgestalt des ständigen Werdens und Vergehens, wird in der antiken Vasenmalerei des rot- und schwarzfigurigen Stils mit Vorliebe dargestellt. Er erscheint in lärmender Gesellschaft von Satyrn und Mänaden, die tanzend und musizierend, mit orgastischem Treiben verbunden wurden. Daneben wird Dionysos auch häufig mit seiner Gemahlin Ariadne abgebildet, oder er tritt im Zusammenhang von Symposien – mitunter im Beisein von anderen Göttern – in Erscheinung.

Aus einem Grab zwischen Calvi und Capua stammt die qualitätvolle schwarzfigurige Hydria, die im Auftrag des Herzoghauses 1872 für die Antikensammlung angekauft wurde. Abb.9 Stilistisch wird sie der Art des Edinburgh-Malers zugeordnet und 510-500 v. Chr. datiert.

Abb. 9 Götterversammlung, attisch schwarzfigurige Hydria, 510-500 v. Chr., Höhe 26,8 cm

In figurenreicher Szenerie ist auf dem Gefäß eine olympische Götterversammlung dargestellt, bei der Zeus als oberster Gott auf einem Klappstuhl sitzt. Vor ihm steht Apollon, der – bereit zum Musizieren – Kithara und Plektron hält. Die Frau hinter dem Göttervater, deren Identifizierung nicht ganz eindeutig ist, reicht Apollo als Anerkennung für sein Spiel eine Tänie. Mit hoher Wahrscheinlichkeit handelt es sich bei ihr um Leto, Mutter des Apollon und der Artemis, wie andere Bilder zum Thema Götterversammlung nahelegen. Hinter dem Musizierenden steht der Götterbote und Oberhofmeister des Zeus, Hermes. Er wendet sich einer weiblichen Gottheit – Artemis – zu, die zusammen mit ihrem Bruder Apollon häufig auf schwarzfigurigen Vasen erscheint. Am linken Bildrand steht eine männliche Figur, die aufgrund fehlender Attribute nur schwer gedeutet werden kann. Darstellungen der Götterfamilie waren innerhalb der schwarzfigurigen Malerei sehr verbreitet. Die Gottheiten unterhalten sich, handeln oder kämpfen zusammen bzw. versammeln sich zu einem bestimmten Anlaß, wie zur Geburt der Athena oder zur Begrüßung des zurückkehrenden Hephaistos.
Bei dem großen Sarkophagfragment aus dem 3. Jh. n. Chr., das im Jahre 1897 auf der Auktion Margaritis in München erworben wurde, handelt es sich nach Art der Darstellung um ein Teil von einem Jagdsarkophag, wie er in der mittleren Kaiserzeit häufig vorkommt. Abb.10 Wie stilistische Merkmale erkennen lassen, entstammt er einer attischen Werkstatt.
Athen war neben Rom ein zweites großes Zentrum für die Produktion kaiserzeitlicher Sarkophage, die von Griechenland aus in großer Zahl in das Römische Reich exportiert wurden. Typisch für diese Provenienz sind in Hochrelief gearbeitete Szenarien, die die Schemata der klassischen Ikonographie in neuer Belebtheit vortragen sowie der sehr verhaltene Einsatz des laufenden Bohrers. Kennzeichnend ist weiterhin, dass in der Regel alle

Abb. 10 Attische Werkstatt, Jagdsarkophag, mittlere Kaiserzeit, 3. Jh. n. Chr., Marmor, Höhe 85 cm

vier Seiten der Sarkophage mit Reliefs versehen wurden. Obwohl der Gothaer Sarkophag nur sehr fragmentarisch erhalten ist, deuten ikonographische Zusammenhänge auf die Wiedergabe einer mythologischen Jagd. Die noch teilweise vorhandene linke Nebenseite, welche eine Versammlung von Jünglingen mit Pferden zeigt, weist auf die Hippolytossage. Hippolytos, der sich ganz der Jagdgöttin Artemis verschrieb, war Sohn des Theseus und der Amazone Antiope. Da er die Liebe seiner Stiefmutter Phaidra nicht erwiderte, bezichtigte ihn diese bei seinem Vater unerlaubter Nachstellungen und wählte den Freitod. Hippolytos, von seinem Vater verdammt, stürzte tödlich vom Wagen als seine Pferde vor einem Stier scheuten, den Poseidon auf Theseus' Ersuchen hin gesandt hatte. Die Jagdszenen des Sarkophages nehmen auf die Verbindung des Hippolytos zu Artemis Bezug. Attische Hippolytossärge sind recht zahlreich erhalten und können in drei Gruppen gegliedert werden. Das Gothaer Fragment gehört zur Gruppe III, bei der sich die Jagddarstellungen auf der Vorderseite und teilweise auch auf Neben- und Rückseiten befinden. In belebter Szenerie wird dabei auf der Frontseite durch Jäger und Hunde ein Hirsch gestellt und erlegt.
In großer Zahl und Variantenreichtum sind aus antiker Zeit Tonfigürchen überkommen. Ihre Fabrikation erlangte im griechischen Raum besonders ab dem 3. Jh. v. Chr. eine enorme Blüte. Ein entwickeltes Herstellungsverfahren, bei dem die Terrakotten unter Nutzung von Matrizen gefertigt wurden, ermöglichte schon frühzeitig eine regelrechte Massenproduktion. Verwendung fanden die Figuren im Tempel- und Gräberkult als Opfer-, Weih- und Grabbeigaben. Daneben dienten sie auch als Kultbilder in den Häusern und seit Ende des 4. Jhs. v. Chr. profan als Raumschmuck.

Abb. 11 Myrina, Aphrodite, 1. Jh. v. Chr., Terrakotta, Höhe 24,5 cm

Bei der Gothaer Terrakottafigur handelt es sich um die Darstellung der antiken Liebesgöttin, die im Motiv auf den halbbekleideten Typ der Aphrodite Anadyomene zurückgeht. Abb.11 Ausgehend von der Knidischen Aphrodite des Praxiteles aus dem 4. Jh. v. Chr. kam es in der hellenistischen Kunstphase (3.-1. Jh. v. Chr.) in der Monumental- und besonders in der Koroplastik zu zahlreichen Umbildungen und Varianten des Urtyps. Auffallend ist der gestreckte Körperbau der Gothaer Figur, ihr flächenhafter Aufbau mit Verzicht auf räumliche Wirkung, sowie die Kombination von hellenistischer Körpergestaltung mit einem klassizistischen Kopf. Dies spricht für eine zeitliche Einordnung der Aphrodite in das 1. Jh. v. Chr., als ein Kunstgeschmack mit retrospektiven Tendenzen vorherrschend war. Die landschaftliche Zuweisung kann nach Myrina erfolgen, eine kleinasiatische Hafenstadt, die in späthellenistischer Zeit ein führendes Zentrum der Terrakottenproduktion war. Hierfür sprechen u.a. die Tonfarbe und -beschaffenheit sowie die Sockelgestaltung. Zum bevorzugten Themenkreis in Myrina zählten neben der griechischen Liebesgöttin Eroten und Niken.

Uta Wallenstein

Mythosrezeption im Medaillenbild des Barock und Klassizismus

Unter den reichen Beständen des Gothaer Münzkabinettes (130 000 numismatische Objekte), das bereits Herzog Ernst der Fromme (1640-1675) als Sammlung begründete, finden sich im Wandel der kunstgeschichtlichen Epochen zahlreiche Belege für eine Mythosrezeption im Münz- und Medaillenbild.

Im Barock nutzte man zur Darstellung des fürstlichen Lebens auf den Medaillenrückseiten antike Mythologie, christliche Ikonographie und allegorische Metaphern in reicher Fülle nebeneinander. Beliebte olympische Gottheiten waren dabei Jupiter, Juno, Minerva, Apollo und Merkur. Daneben erscheinen Hercules und Atlas als Versinnbildlichung von Kraft und Herrschertum sowie die Genien als Schutzgeister des Menschen. Außerdem treten zahlreiche auf römische Vorbilder zurückgehende Personifikationen, wie Fortuna, Fama, Aeternitas, Salus, Felicitas, Fides und die auf Platons Philosophie bezogenen Kardinaltugenden Prudentia (Klugheit), Temperantia (Mäßigkeit), Fortitudo (Tapferkeit) und Justitia (Gerechtigkeit) als Medaillenbilder auf. Der Rückgriff auf antike Götter und Personifikationen entsprach dem barocken Lebensgefühl und Repräsentationsbedürfnis. In ihnen fanden die Regierenden ein geeignetes Medium für das Propagieren ihrer Macht und Politik. Beliebte Gottheiten für die Darstellung des Landesfürsten waren Apollo, Jupiter und Hercules, die Auswahl richtete sich nach der jeweils zu preisenden Eigenschaft des Herrschers. Im Vergleich zur Bildenden Kunst erreichte die barocke Medaillenkunst hinsichtlich der Antikenrezeption gleichsam eine gesteigerte Vielschichtigkeit, die im besonderen durch die Aufnahme zahlreicher Personifikationen in das Bildrepertoire erzielt wurde. Die Übernahme von Figuren aus der antiken Mythologie in die Medaillengestaltung erfolgte dabei sowohl „authentisch" als auch „neu inszeniert".

Abb. 12 Christian Wermuth, Medaille mit Victoria, 1703, Durchmesser 3,2 cm, Silber

Auf das 10jährige Regierungsjubiläum von Herzog Friedrich II. (1691-1732) von Sachsen-Gotha-Altenburg schuf der in der Thüringer Residenzstadt wirkende Medailleur Christian Wermuth im Jahre 1703 eine kleine Medaille, die eine weibliche Figur mit Flügeln, auf einem Panzer sitzend, darstellt. Abb.12 Auf ihrem Schoß hält diese einen Schild, auf den sie mehrfach eine römische 10 einschreibt. Dargestellt ist Victoria, die innerhalb der römischen Münzpropaganda in allgemeiner Bildaussage Sieghaftigkeit als eine feste kaiserliche Tugend versinnbildlichte. Die eindeutige Anlehnung der sitzenden Göttin – die hier zur Preisung der fürstlichen Herrschaft zitiert wird – an eine römische Münzvorlage verdeutlicht dabei ein Sesterz des Commodus aus der Zeit 184-185 n. Chr. Abb.13

Abb. 13 Rom, Sesterz mit Victoria, 184-185 n. Chr., Durchmesser 2,9 cm, Bronze

Als Auftragswerk der Berliner Akademie schuf Wermuth auf den 45. Geburtstag des preußischen Königs Friedrich I. (1701-1713) und den Geburtstag der Kunstakademie im Jahre 1701 eine Medaille, die Felicitas, umgeben von drei Putten als Sinnbild für Malerei, Baukunst und Skulptur, vor dem Gebäude der Kunstakademie zeigt. Abb.14 Felicitas ist die römische Göttin des glücklichen Erfolges und des staatlichen Wohles. Im Unterschied zu Fortuna, die mit Füllhorn und Steuerruder charakterisiert wurde, ist für Felicitas seit dem 2. Jh. n. Chr. das Füllhorn typisch, wobei die Personifikation häufig neben einem Altar steht.

Felicitas, die Versinnbildlichung des bleibenden, göttlich vorgesehenen Glücks, wurde in der barocken Bildpropaganda der Fortuna als wankelmütigen Glücksgöttin, die den Menschen mitunter auf unberechenbare Wege führen konnte, entgegengesetzt. Sie findet sich in dieser Zeit allerdings auch in anderer Ikonographie als der vorliegenden auf den Münzen und Medaillen. Als neuzeitliche Attribute treten Waage und Winkelmaß neben das Füllhorn. Bei dieser Medaille handelt es sich um eine freie Einbindung der Felicitas in die Bildanlage.

Abb. 14 Christian Wermuth, Medaille mit Felicitas, 1701, Durchmesser 6,4 cm, Silber

Die Einrichtung des Münzkabinettes als erste selbständige Institution innerhalb der Sammlungen von Schloss Friedenstein durch Herzog Friedrich II. von Sachsen-Gotha-Altenburg im Jahre 1712 nahm der Erfurter Medailleur Nikolaus Seeländer ein Jahr später zum Anlass, eine große repräsentative Silbermedaille zu schaffen, die als Glorifizierung des Herzogs eindrucksvoll das barocke Lebensgefühl und herrschaftliche Selbstverständnis wiedergibt. Abb.15 Gleichsam theatralisch, vor illusionistischer Kulisse offeriert sich die Szene auf der Medaillenrückseite. Herzog Friedrich II. thront als den Künsten und der Wissenschaft verpflichteter Apoll in antiker Gewandung mit der Lyra in der Hand. Im Hintergrund des Bildes erscheinen die neun Musen, die verschiedene Instrumente und Attribute halten. Links neben dem Thron des Herzogs kniet Janus, der altrömische Gott des Anfangs und des Endes, der auch als Erfinder der Münzkunst galt. Er schüttet als Metapher für die Vermehrung des Friedensteinschen Münzschatzes durch Friedrich II. einen Sack voller Münzen aus. Mit der rechten Hand weist Janus auf einen Genius, der Münzen schlagend die Münzkunst verkörpert und der sich in Gesellschaft der Genien für Malerei und Bildhauerkunst befindet. Als Sinnbild für die Mehrung der Sammlung steht auch die weibliche Figur am rechten Bildrand.

Mit Johann Joachim Winckelmanns bahnbrechenden Schriften *Gedanken über die Nachahmung der griechischen Werke in der Malerei und Bildhauerkunst aus dem Jahre 1755 und Geschichte der Kunst des Altertums* von 1764 wurde der Klassizismus als europäische Stilrichtung theoretisch eingeläutet. Statuarische Figuren, knapp bemessene Bewegungen, klare Kompositionsschemata zogen in die klassizistische Medaillenkunst ein. Antike Götter und Personifikationen erscheinen im antiken Habitus bzw. in ruhiger Ausgewogenheit auf den Medaillenrückseiten.

Im Jahre 1842 schuf der Gothaer Medailleur Ferdinand Helfricht eine Medaille auf die Vermählung des Erbprinzen Ernst (1844-1893) von Sachsen-Coburg und Gotha mit Alexandrine von Baden. Abb.16

Auf ihrer Rückseite erscheint das Brautpaar in römischer Tracht auf einem von vier Rössern gezogenen Triumphwagen. Die Pferde sprengen dabei paarweise nach links und rechts zur Seite und geben so eindrucksvoll den Blick auf die Hauptpersonen frei. Das äußere linke Pferd wird von einem kleinen Liebesgott gehalten, das rechte Pferd bändigt ein Genius mit der für ihn typischen Fackel. Die Szene ist göttlich erhoben, wie die Wolke unter der Quadriga zeigt. Innerhalb der römischen Bildpropaganda versinnbildlichte der Triumphwagen den siegreichen Herrscher und Triumphator. Die Gestaltung des Medaillenbildes geht offensichtlich auf antike Münzen des Kaisers Probus (276-282) zurück, auf denen der Sonnengott Sol invictus gleichsam identisch abgebildet ist. Abb.17

Die Medaille auf den Tod Herzog Ernsts I. (1826-1844) von Sachsen-Coburg und Gotha aus dem Jahre 1845 gibt einen unbekleideten Jüngling wieder, der als Zeichen der Trauer sein geneigtes Haupt mit einem Umhang bedeckt. Abb.18 Der frontal vor dem Betrachter stehende junge Mann stützt sich mit dem rechten Arm auf eine nach unten weisende und auf dem Boden aufstehende Fackel, die am Erlöschen ist. Dargestellt ist der Todesgenius, der seit napoleonischer Zeit die klassische Auffassung vom Tod in der Medaillenikonographie verkörperte. Nach antikem Denken war der Genius seelischer Begleiter und Schutzgeist des Menschen. Seine Attribute waren Füllhorn und Patera. Der Klassizismus ordnete ihm die Fackel als Metapher für Leben zu. Die erlöschende, nach unten stehende Fackel symbolisierte demgegenüber das ausgehende Lebenslicht.

Abb. 16 Ferdinand Helfricht, Medaille mit Quadriga, 1842, Durchmesser 4,5 cm, Silber, vergoldet

Abb. 17 Antike Münze des Kaisers Probus, ca. 279 n. Chr., Durchmesser 2,3 cm, Silber

Abb. 18 Ferdinand Helfricht, Medaille mit Todesgenius, 1845, Durchmesser 4,5 cm, Bronze

Abb. 15 Nikolaus Seeländer, Medaille mit Apoll und Musen, 1713, Durchmesser 8,8 cm, Galvano

Allmuth Schuttwolf

Plastik

Abb. 19 Adriaen de Vries, Farnesischer Stier, 1614, Bronze, Höhe 103,5 cm

Im frühen 16. Jahrhundert begann für das zerfallene Rom, einst Mittelpunkt der Welt, die Wiedergeburt und mit ihr die Wiederentdeckung der Antike. Besonders die Kunst des klassischen Zeitalters wurde zum Richtmaß vorbildlicher Meisterwerke der Renaissancekunst, für die die Darstellung der Schönheit und Harmonie wichtiges Anliegen war. Die Bildhauerei mit ihrer Hauptaufgabe, den Menschen zu gestalten, empfing nachhaltige Impulse von den wiederentdeckten antiken Skulpturen und ihren Bildinhalten. Dabei boten mythologische Themen gute Möglichkeiten, sich intensiv mit der menschlichen Gestalt als Akt- oder Gewandfigur auseinanderzusetzen und Werke von idealer Schönheit zu schaffen.

Winckelmanns hymnische Beschreibung des *Apoll vom Belvedere*, jener antiken Statue, die als Meisterwerk von überragender Schönheit gefeiert wurde und im Belvedere-Hof des Vatikan Aufstellung fand, beginnt mit den Worten „Die Statue des Apolls ist das höchste Ideal der Kunst unter allen Werken des Alterthums, welche der Zerstörung derselben entgangen sind" (S. 392). Seit der Renaissance war dieses Bildwerk immer wieder Inspirationsquelle vieler Künstlergenerationen.

In den Thermen des Caracalla in Rom wurde 1545 eine später vielbewunderte und mehrfach kopierte und zitierte Marmorskulptur ausgegraben, bei der es sich um die römische Kopie nach einem griechischen Original handelte. Die Existenz der späthellenistischen Figurengruppe ist uns nur durch die Beschreibung von Plinius d. Ä. überliefert. Das Thema entstammt einer komplizierten Legende. Die Zwillingsbrüder und Zeussöhne Amphion und Zethos wurden von Dirke, der Königin von Theben, zu einer Mordtat gegen die Königstochter Antiope verführt, die von Dirke als Sklavin gehalten und misshandelt wurde. Als die Brüder entdeckten, dass Antiope in Wahrheit ihre Mutter ist, nehmen sie Rache an Dirke und banden sie an einen wilden Stier. Ursprünglich sollte Antiope zu Tode geschleift werden (A. Schuttwolf, S. 103-105).

Der holländische Bildhauer Adriaen de Vries (1556-1626), bedeutendster Bronzeplastiker des ausgehenden 16. Jahrhunderts nördlich der Alpen und 1604 zum Hofbildhauer von Kaiser Rudolf II. in Prag ernannt, sah die wiederentdeckte Gruppe bei seinem Romaufenthalt im Jahre 1595 im Palazzo Farnese. Offen bleibt, wie er die damaligen Eindrücke festhielt, ob in Zeichnungen oder plastischen Studien. Er schuf eine freie, verkleinerte Variante des *Farnesischen Stiers.* Abb. 19 Eigenen Angaben zufolge hat er „6 Jahr daran gearbeitet" (L. Larsson, S. 84). Das Bildwerk gehört im Oeuvre des Künstlers zu den eindrucksvollsten Schöpfungen. Künstlerisch übertraf es das antike Vorbild in Kompaktheit, Allansichtigkeit, Reichtum der Bewegungsabläufe und Spannung. Die voller Dramatik komponierte kontrastreiche Plastik schildert jenen Moment des Strafgerichtes, bei dem die Brüder auf engstem Raum mit dem Stier ringen und Dirke angstvoll gegen ihr Schicksal ankämpft. Im Hintergrund stehend, verfolgt Antiope die Handlung, um das Zeichen zur Ausführung der Mordtat zu geben. Der Auftraggeber für das heute im Schlossmuseum Gotha bewahrte Meisterwerk ist unbekannt. Auch die Herkunft liegt im Dunkel. Es wird erstmals im Kunstkammerinventar von 1721 erwähnt.

Im Friedensteininventar 1924-27 werden „10 große ganze Holzfiguren" genannt, von denen heute noch neun in der Sammlung existieren. Dargestellt ist aus den zahlreichen Mythen um Apollo das Thema *Apollo und die Musen.* Abb. 20 In Gesellschaft der neun Musen begegnet man dem jungen, schönen Gott des Lichtes seit der Renaissance häufig als Apollo Musagetes. Seit Entdeckung des *Apollo vom Belvedere* hielt sich der Typus des nackten jugendlichen Apollo in der bildenden Kunst bis zum ausgehenden Barock. Die Gothaer Gruppe dürfte aus Thüringen stammen und für eine Brüstung im Innenraum gearbeitet worden sein. Beim Musenführer werden Reminiszensen an das antike Standbild sichtbar, wenngleich bei der anatomischen Durchgestaltung nur schwer der Eindruck idealer Schönheit aufkommt.

Abb. 20 Thüringisch, Apollo und die Musen, um 1700, Linde, Höhen 88,8–93,5 cm

Abb. 21 Jean Antoine Houdon, Diana, 1776, Gips, Höhe 210,2 cm

Bei der Mehrzahl der Musen, von den Beschützerinnen der Künste und der Wissenschaft sind nur sechs ausgestellt, wird der Zug zum Provinzialismus durch schön drapierte Gewänder und kunstvoll geformte Frisuren gemildert.

Die Beziehung zur Antike als Vorbild spielt für die Künstler vieler Nationen Europas seit der Renaissance eine wichtige Rolle. In der französischen Kunst gehörte im 18. Jahrhundert das Kopieren antiker Kunstwerke zur Pflichtaufgabe einer bildhauerischen Laufbahn. Jean Antoine Houdon (1741-1828) hatte sich nach seinem Studium an dcr Académie de France in Rom um die Mitgliedschaft an der Académie Royale de Peinture et de Sculpture in Paris beworben. Für die Aufnahme wurde ihm ein Thema aus der griechischen Mythologie gestellt: die Gestaltung eines *Morpheus*, Sohn des Gottes des Schlafes Hypnos.

Das 1769 geschaffene Aufnahmestück zeigt in anatomischer Meisterschaft einen vollendet modellierten Jünglingsakt mit dichtem Lockenhaar. Als Gott der Träume stellt ihn Houdon schlafend und mit großen Adlerflügel dar, die Unbeständigkeit und Flüchtigkeit symbolisieren. Die skizzenhafte Girlande großblütigen Mohns verweist auf den Schlaf und die narkotische Wirkung des Mohns. Die für die Aufnahme an der Académie geschaffene Skulptur gehört heute zum Gothaer Bestand.

Herzog Ernst II. von Sachsen-Gotha-Altenburg (1772-1804) wurde für den jungen französischen Bildhauer der erste Mäzen. Zweimal weilte dieser wegen eines Auftrages in der thüringischen Residenzstadt, 1771 und zwei Jahre später im Jahre 1773. Wenn es auch nicht zur Realisierung des geplanten Grabmalprojektes kam, so ist es doch dem nachhaltigen Interesse des Landesfürsten zu danken, dass Gotha heute eine einzigartige und unschätzbare Sammlung vor allem von frühen Werken dieses bedeutenden Bildhauers besitzt. Von 1773 gibt es zwei Porträts in Form von Tondi à l´antique, die Friedrich III., den vormals regierenden Gothaer Herzog, und Ernst II. zeigen. Zu den Werken, die aus dem frühen Schaffen in Rom stammen und einen Mythosbezug vorweisen, gehören die *Büste einer Vestalin*, die Interpretation einer antiken Statue der kapitolinischen Museen, und der *Luperkalienpriester*, eine Statuette, die einen Priester der altrömischen Luperkalienfeste thematisiert.

Inmitten des großzügig angelegten Gothaer Landschaftsparkes ließ Ernst II. an einer topographisch markanten Stelle einen dorischen Tempel nach Zeichnungen (Ch. C. L. Hirschfeld, S. 236) von Friedrich Wilhelm von Erdmannsdorff (1736-1800) errichten. Der Tempel sollte eine Diana aus Marmor von Houdon aufnehmen. Nach Fertigstellung 1780 allerdings erhielt Katharina II. von Russland die Statue für ihr Schloss in Zarskoje-Selo. Dafür gelangte das Gipsmodell in die Gothaer Sammlung. Abb. 21 Es zeigt eine dahineilende jugendliche Frauengestalt, nur auf einem Fußballen gestützt. Der Pfeil in der angewinkelten erhobenen Rechten und der Bogen in der linken Hand kennzeichnen sie zusammen mit der Mondsichel im aufgesteckten Haar als Diana, Göttin der Jagd und des Mondes. Im Unterschied zu den bis dahin traditionell üblichen Formulierungen war für Houdon das mythologische Sujet vor allem Anlass, um ein klassisches Thema der Skulptur aufzugreifen: die frei stehende, allansichtige Aktfigur.

Nachdem Houdon 1771 wieder aus Gotha abreiste, schickte Ernst II., damals noch Erbprinz, den jungen Bildhauer Friedrich Wilhelm Eugen Doell (1750-1816) zur weiteren Ausbildung mit nach Paris und anschließend nach Rom. In Anlehnung an die klassische Antike und im Sinne

Winckelmanns schuf er dort 1774 das klar komponierte Basrelief *Minerva übergibt dem Bellerophon den Pegasus*, das er im darauffolgenden Jahr für seinen Landesherren in Marmor übertrug. Abb. 22 Dargestellt ist eine Szene aus dem Bellerophonmythos. Bellerophon, Sohn des Korintherkönigs Glaukos und der Eurymede und Enkel des Sisyphos, hat die Liebe der Gemahlin des Proitos von Tiryns zurückgewiesen. Aus Rache verleumdet sie ihn. Proitos schickt ihn daraufhin zu seinem Schwiegervater, König Iobates, der ihn töten soll. Wie Proitos vermag auch er die Mordtat nicht auszuführen und sandte Bellerophon zu den gefahrvollsten Kämpfen. Die Götter schicken aus Mitleid den Pegasus. Die majestätisch sitzende Minerva, Göttin der Klugheit, des Rechts und der Kriegskunst, übergibt

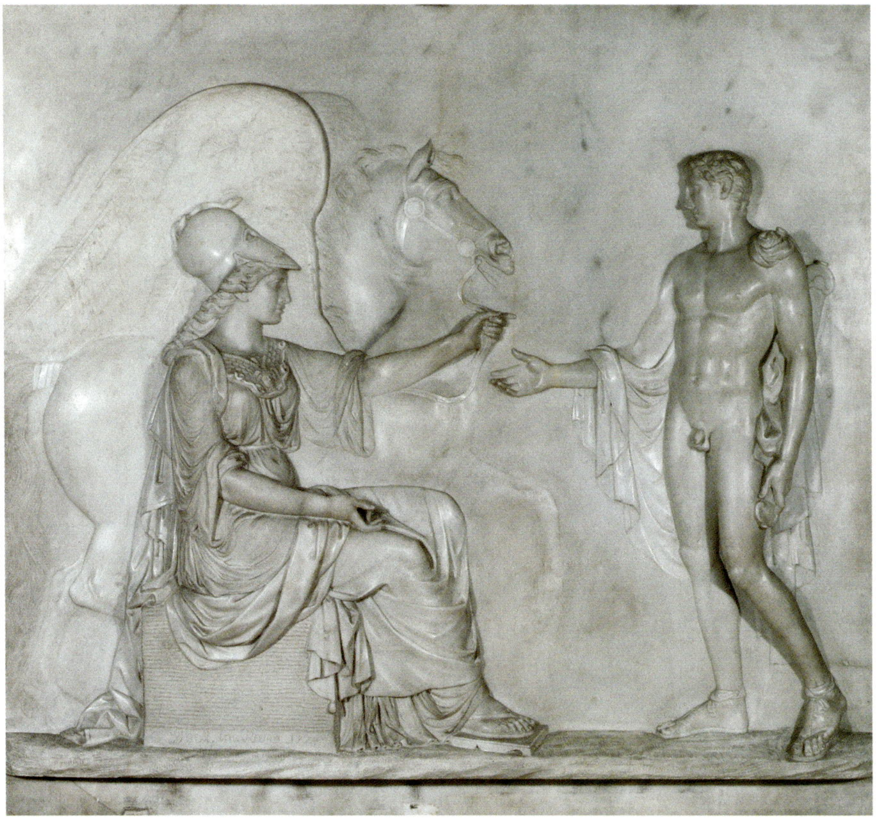

Abb. 22 Friedrich Wilhelm Eugen Doell, Minerva übergibt dem Bellerophon den Pegasus, 1774, Marmor, 104 x 115 cm

den Zaum des Pegasus an den jugendlichen Helden, der das Kampfross bändigen und sich seiner Wunderkraft bedienen kann. Korinthischer Helm und schlangenumsäumte Aigis mit dem Gorgoneion kennzeichnen die Gewandfigur als Minerva. Bei der Göttin werden Reminiszensen an Sitzfiguren griechischer Grabstelen oder Weihreliefs spürbar. Ob Doell die Darstellung eines antiken Reliefs adaptierte oder ob er Einzelfiguren versatzstückhaft verwandte, ließ sich nicht klären. Beispielgebend für die Gestalt des wohlgeformten nackten Jünglings, der hier von der Chlamys gerahmt wird, war der sogenannte Idolino im Archäologischen Museum Florenz, der seinerseits vermutlich auf die berühmte Statue des polykletischen Doryphoros zurückgeht.

Abb. 23 Lucas Cranach d. Ä., Herkules bei Omphale, um 1537, Tempera/Öllasuren auf Buchenholz, 14,4 x 19,2 cm

Franz Matsche stellte 1994 im Katalog zur Cranachausstellung in Kronach fest, dass Lucas Cranach der Ältere (1472-1553) „unter den Malern seiner Epoche die weitaus meisten Darstellungen mit Themen aus der antiken Mythologie geschaffen" hat und dass er „in viel größerem Maß der Maler der deutschen Humanisten des 16. Jahrhunderts gewesen ist als Dürer und Burgkmair".

Seit 1505 als kurfürstlicher Hofmaler Friedrichs des Weisen in Wittenberg tätig, konnte er mit seinem florierenden Werkstattbetrieb verstärkt Themen der antiken Mythologie in die deutsche Malerei einbringen. Zur Ausgestaltung des Wittenberger Residenzschlosses schuf er für den kunstsinnigen Kurfürsten viele mythologische Darstellungen, von denen wir aus schriftlichen Quellen Kenntnis besitzen. Die lehrhaft erzieherischen Bildthemen sollten als Vorbild und Mahnung einer sittlich gestalteten Lebensführung dienen. So berichtet Andreas Meinhard in seinem 1508 in Leipzig veröffentlichten lateinischen Lehrbuch allein von neunzehn Darstellungen der Kämpfe und Heldentaten des Herkules im großen Saal des Schlosses.

Im Oeuvre Cranachs haben sich einige Tafeln aus dem Herkules-Themenkreis erhalten, so insbesondere der Bildstoff *Herkules bei Omphale*, in dem Weibermacht, Liebestorheit und das schmähliche Vergessen der Männertugend focusiert werden. Die vielen überlieferten Gestaltungen des liebeshörigen Heroen, der den Spinnrocken trägt und Wolle spinnt, der schönen Königin aber Löwenfell und Keule überlässt, sind Ausdruck für die Aktualität und Beliebtheit des Sujets unter den Zeitgenossen. Bei den zahlreichen Überlieferungen handelt es sich aber nicht um einfache Wiederholungen, sondern um Varianten eines Themas. Wie Werner Schade herausfand, geht aus Martin Luthers Auslegung des 101. Psalm, Wittenberg 1535, hervor, dass das Herkules-bei-Omphale-Thema dem 1532 zur Regierung gelangten Kurfürsten Johann Friedrich als Warnung vor den Gefahren des Hoflebens gewidmet war („Wer regieren will, der muß Leuten vertrauen, wer aber vertraut, der ist gewiß betrogen"). Die Gothaer Tafel *Herkules bei Omphale*, 1764 im Kunstkammer-Inventar des Friedenstein verzeichnet, wurde von Schade als eigenhändiges Werk des älteren Cranach erkannt. Abb. 23 Sie nimmt mit ihrem kleinen Format eine Sonderstellung ein, da „die Gesten etwas Zupackendes" haben, das sich bei den großen Ausführungen nicht findet (W. Schade). Von allen mythologischen Stoffen wurde von Cranach und seiner Werkstatt insbesondere das *Urteil des Paris* immer wieder in neuen Varianten dargestellt. Vom älteren Cranach sind mehr als zehn Fassungen bekannt. Neben einem sinnlich natürlichen Anreiz in der Malerei resultiert die Beliebtheit des Themas am kursächsischen Hof, bei gelehrten Humanisten und potentiellen Auftraggebern vor allem aus dem Kerngedanken der Lebensphilosophie der Humanisten, insbesondere des Kreises um Konrad Celtis. Für Celtis war das Thema Sinnbild aristokratischer Lebenseinstellung sowie gleichnishaftes Fürstenlob.

In der deutschen Kunst vor Cranach fand das *Paris-Urteil* nur im dekorativen Kontext Gestaltung. Cranach gelang es, den Gegenstand mit treffsicheren, klar verständlichen Bildfindungen, zunächst im Holzschnitt, später in der Malerei, aus den schmückenden Zwängen herauszulösen und zum „freien Kunst-Gegenstand" zu nobilieren (D. Koepplin u. F. Tilman).

Unter Herzog Ernst I. von Sachsen-Gotha (1640-1675) gelangte aus altem kurfürstlich ernestischen Erbe ein *Parisurteil* nach Gotha. Abb.24 Das älteste Inventarium über die Kunst Cammer 1656 führt im Bestand als erstes Sammlungsobjekt *Judicium Paridis. Lux Mahler* an. Dies kann Anzeichen für die Wertschätzung des Sujets auch am Gothaer Hof rund hundert Jahre später gewesen sein.

Die Gothaer Fassung zählt zu den Werken, die zeitlich schwer einzuordnen sind. Zudem galt sie lange als Schöpfung Cranachs d. Ä. Werner Schade hat nach genauer Untersuchung die Autorschaft dem jüngeren Cranach (1515-1586) zugesprochen. Die dargestellte Szene

Abb. 24 Lucas Cranach d. J., Parisurteil, um 1540-46, Öltempera auf Lindenholz, 121,5 x 82,5 cm

Abb. 25 Johann Heinrich Tischbein d. Ä., Aeneas und Dido mit dem sie als Askanius täuschenden Amor, 1776, Öl auf Leinwand, 121,6 x 142,5 cm

erschließt sich erst ganz über die deutsche Übersetzung des mittelalterlichen Troja-Romans des Cuido de Columna und über die Schriften der Humanisten zu dieser Thematik (I. El-Himoud-Sperling). Sie erzählen davon, dass sich Paris bei der Jagd im Wald verirrte, sein Pferd an einem Baum anband und in Schlaf verfiel. Bei der vorliegenden Tafel wird der an einer Quelle liegende Paris von Merkur geweckt, der die drei Göttinnen Venus, Minerva und Juno herbeiführte und Paris zum Urteil über ihre Schönheit aufforderte. Die drei nackten Schönen tragen keinerlei Attribute. Cranach hat die Szene in kursächsische Landschaft verlagert. Die Rüstung von Paris und die modischen Accessoires der Göttinnen – Hobelspanketten und Haarnetz – dienen der Aktualisierung des Themas. Da sich die Göttinnen nicht identifizieren lassen, sondern eher um verdreifachte Attraktivität bemüht sind, ehrt der Künstler alle drei und folgt damit in gewisser Weise der Harmonievorstellung, wie sie der Philosoph Marsilio Ficino, mit dem Celtis auf einer Italienreise bekannt wurde, vertrat. Dieser sah das Paris-Urteil als Allegorie für den Lebenswandel eines idealen Fürsten an, der von Pallas Athene Weisheit, von Juno Macht und von Venus Anmut, Poesie und Musik besitzt (B. Hinz).

Mythologische Darstellungen waren am Gothaer Hof auch in späterer Zeit beliebt. Der Sohn Ernsts II. von Sachsen-Gotha-Altenburg, Erbprinz August (1804-1822), hatte in seinem Kabinett zwei Historienstücke als Bilderpaar aus der antiken Mythologie von Johann Heinrich Tischbein d. Ä. (1722-1789) hängen. Engelschall, ein Biograf des Malers, sah sie bei seinem Besuch in Gotha. Es handelte sich um die beiden Bildthemen aus dem antiken Sagenstoff der Aeneis, die Vergil von dem lateinischen Dichter Naevius aufgegriffen hatte: *Aeneas und Dido mit dem sie als Askanius täuschenden Amor* Abb. 25 und *Dido auf dem Scheiterhaufen.* Abb. 26 In einigen Darstellungen hatte sich der in Kassel als Hofmaler tätige Tischbein in den Jahren 1775/76 diesem Themenkreis zugewandt. Neben dem Gothaer Bilderpaar schuf er ein weiteres für seinen Landesherren. Tischbein, der nach seiner Ausbildung bei Carle van Loo in Paris und Studien in Venedig und Rom mit seiner koloristischen Begabung einen virtuosen Malstil entwickelte, stieg zu einem der bedeutensten deutschen Porträtmaler des 18. Jahrhunderts auf. Seit Ende der 50er Jahre fühlte er sich mehr zum höchstgeschätzten Historienbild hingezogen und als Historienmaler berufen (E. Herzog).

Abb. 26 Johann Heinrich Tischbein d. Ä., Dido auf dem Scheiterhaufen, 1775, Öl auf Leinwand, 122 x 142 cm

Verstärkt widmete er sich antiken und historischen Bildthemen. Wenn auch im frühen Schaffen der französischen Rokokotraditon stark verpflichtet, so zeigen sich in den späteren Arbeiten klassizistische Einflüsse. Sowohl bei *Aeneas und Dido mit dem sie als Askanius täuschenden Amor* als auch bei der Darstellung der *Dido auf dem Scheiterhaufen* reduziert der Maler die Komposition auf wenige Figuren und rückt sie im klar gegliederten Raum in den Bildvordergrund. Dabei vermischen sich allgemeine klassizistische Gestaltungselemente mit Tischbeins eigenem Formempfinden. Der Künstler hatte seine Formensprache durch Schulung an Vorbildern, insbesondere der venezianischen Hochrenaissance und an zeitgenössischen Werken und Kunstströmungen entwickelt. Beim Tod der Dido, die sich aus unglücklicher Liebe zu den aus Troja geflüchteten und sie wieder verlassenden Aeneas mit dem Dolch tötet, bevor ihre Schwester den Scheiterhaufen anzündet, wählte Tischbein jenen psychologischen Moment, der handlungsmäßig den dramatischen Höhepunkt vor ihrer Selbsttötung wiedergibt, sichtbar am schmerzlichen Gesichtsausdruck und an der spannungsgeladenen Gestalt der sitzenden Königin.

Grafik

Abb. 27 Lucas Cranach d. Ä., Der Opfertod des Marcus Curtius, um 1506, Holzschnitt

Das Kupferstichkabinett gehört zu den Gründungssammlungen der herzoglichen Kunstkammer. Unterschiedlichste Interessen der fürstlichen Sammler an der Grafik, Ankäufe, Verkäufe, verschiedenste Zuordnungen des Bestandes an anderen Sammlungsbereiche prägten das Kabinett bis in die Mitte des 20. Jahrhunderts. Mit ca. 45.000 Blättern vom 15.-19. Jahrhundert ist es zahlenmäßig nicht unter die „Großen" zu rechnen; ist aber durch eine über 350jährige Sammlungstradition und international bedeutsamen Sammlungsschwerpunkten (z. B. Flugblattsammlung 16./17. Jahrhundert) eine bekannte Größe.

Das Thema der Antike zeigt sich vordergründig erst durch die Neuordnung der Bestände nach 1900. Hier wurden unter dem Thema „Antikisches" vor allem die zahllosen Musterblätter, Genreszenen, Porträts etc. zusammengestellt. Darunter findet sich oft Erstaunliches an Qualität und künstlerischem Ideenreichtum. Exemplarisch sollen hier vier Blätter des 16.-19. Jahrhunderts vorgestellt werden.

Im druckgrafischen Gesamtwerk Lucas Cranach d. Ä. (1472-1553), von dem das Gothaer Kupferstichkabinett 3 Kupferstiche und 102 Holzschnitte besitzt, nimmt die Darstellung *Der Opfertod des Marcus Curtius* eine Sonderstellung ein. Abb. 27 Cranach greift hier erstmals ein Thema der Antike auf, dessen Darstellung er von einer italienischen Bronzeplakette her kennt. Unter Übernahme verschiedener Details der Plakettendarstellung bindet er das

Abb. 28 Rembrandt Harmenszoon van Rijn, Medea oder die Hochzeit von Jason und Creusa, 1648, Radierung

Geschehen in die heimatliche Landschaft ein. Der hohe Anspruch des Themas: Der Opfertod des jungen Römers Marcus Curtius, der sich mit seinem Pferd in eine offene Erdspalte stürzt und so seine Vaterstadt Rom vor dem Zorn der Götter rettet, seit dem 13./14. Jahrhundert (Gesta romanorum) als Sinnbild für den Opfertod Christi gedeutet – wird hier fast rührend ungeschickt umgesetzt. Aus der Erdspalte, in die der edle römische Jüngling mit seinem Ross in vollem Galopp hineinspringt, wird ein kümmerliches Loch, in das sich fast mühselig Pferd und Reiter hineinzwängen. Der Holzschnitt ist jedoch mit seiner Motivwahl das einzig nachgewiesene Beispiel einer direkten Übernahme eines italienischen Renaissancevorbildes durch Lucas Cranach d. Ä.

Aus dem umfangreichen Schaffen Rembrandt Harmenszoon van Rijn (1606-1669) steht exemplarisch eine Radierung mit dem Titel *Medea oder die Hochzeit von Jason und Creusa.* Abb. 28 Jason verließ, um Creusa zu ehelichen, seine Gemahlin Medea. Diese rächt sich, indem sie Creusa einen vergifteten Mantel zum Geschenk macht. Das Thema setzt Rembrandt hier wirkungsvoll und erzählerisch um. Im lichtdurchfluteten Innenraum des Tempels die Festgesellschaft – im Mittelgrund vor einem Opferaltar knieend das Brautpaar. Rechts unheilvoll aus dem Dunkel schreitend , den verhängnisvollen Mantel über den ausgestreckten Armen, naht Medea.

Abb. 29 Louis Simon Lempereur., Bacchus und Ariadne, um 1760/65, Kupferstich

Dem Rokoko und dem Stile Bouchers, Vanloos u. a. verbunden, schuf der französische Maler I. B. M. Pierre sein Gemälde *Bacchus und Ariadne*. Der Kupferstich stammt von Louis Simon Lempereur (1728-1807). Abb. 29 Ariadne, die Tochter König Minos, wird von Theseus auf der Insel Naxos verlassen. Auf ihr verzweifeltes Suchen und Rufen hin, erschien Aphrodite und verkündete der Verlassenen, sie solle Bacchus Gemahlin werden. Bacchus erscheint unerkannt, bringt Beweise seiner Gottheit und Zeichen seiner Macht, fand Gegenliebe und Ariadne wurde seine Gemahlin. Beide ruhen hier nackt im Halbschatten eines Baumes auf Tigerfellen. Neben dem üppigen Lager lehnt das Zepter Bacchus der bekränzte Weinstock (Thyrsus). Ein kleiner trunkener Faun, ein schnäbelndes Taubenpaar, ein traubenreichender Erosknabe machen aus einer intimen Liebesszenerie ein mythologisches Genrebild.

Abb. 30 William Wynne Ryland nach Angelika Kauffmann., Achill trauert um den toten Patroklos, 1777, Kupferstich in Farben. Das verschollene Gemälde ist nur noch durch die Kupferstiche Rylands nachweisbar.

Das 1775 geschaffene, heute verschollene Gemälde von Angelika Kauffmann *Achill trauert um den toten Patroklos* zählt zu den Hauptwerken der Homer-Rezeption im Klassizismus. Tränenreich und voller Pathos umschlingt Achilles den Körper des toten Freundes; nur der Körper wird nicht gezeigt! Wichtig für die Darstellung war hier nicht die vordergründige Trauer, sondern der Moment des Erwachens von Achilles Zorn. Trauernd bedeckt er sich das Gesicht, ballt aber bereits im Zorn die Faust, die verbündet sein Begleiter umfasst. Die Trauernde, sich die Haare raufende weibliche Figur im Vordergrund, gilt als Thetis, die Mutter Achilles. Sie trauert hier im doppelten Sinne, der Szene gemäß um den toten Freund des Sohnes und vorausahnend nun den Sohn, der im Kampf gegen Hektor auch getötet werden wird. Abb. 30

Ute Däberitz

Kunsthandwerk

In den kunsthandwerklichen Sammlungen des Gothaer Schlossmuseums finden sich zahlreiche Beispiele dafür, dass auch die Künstler dieses Genres seit der Zeit der Renaissance die antike Mythologie als ergiebigen Inspirationsquell nutzten. Bei der Keramik- und Glasgestaltung bedienten sich die Mitarbeiter der Werkstätten und Manufakturen des schier unerschöpflichen Schatzes der griechischen und römischen Sagenwelt ebenso, wie auch Elfenbeinschnitzer oder Gold- und Silberschmiede, die ihre Werke für die fürstlichen Kunstkammern Europas schufen. Selbst bei der Anfertigung von Uhren, die als „mechanische Kunstwerke" fester Bestandteil einer jeden Kunstkammersammlung waren, wurden mythologische Themen zur Gestaltung der meist mit kostbaren Zierraten versehenen Gehäuse aufgegriffen. Sogar die europäischen Eventaillisten (Fächermacher) gestalteten Blätter und Gestelle ihrer Fächer, die sich im Laufe des 18. Jahrhunderts nicht nur zu unverzichtbaren Modeaccessoires, sondern auch zu wahren Kunstwerken entwickelten, mit Darstellungen mythologischen Inhalts.

Allein die Hälfte der 34 Stücke umfassenden Gothaer Sammlung italienischer Majolika des 16. Jahrhunderts ist mit mythologischen Szenen oder Figuren dekoriert. Ein seltener, um 1550/60 vermutlich von einem venezianischen Maler in Padua gestalteter Teller zeigt Szenen aus dem *Wettstreit des Marsyas mit Apollon*. Abb. 31 In der griechischen Sage fand der Satyr Marsyas die von Athena weggeworfene Flöte, deren Spiel er bald meisterhaft beherrschte. In großer Selbstüberschätzung forderte er Apollon, den Gott des Lichtes und Herrn der Musen, zu einem musikalischen Wettstreit heraus. Apollon besiegte Marsyas und bestrafte ihn, indem er ihm die Haut abzog. Auf dem Majolika-Teller ist Marsyas mit einem Dudelsack dargestellt. Apollon – hier mit großem Saiteninstrument – verfolgt die Darbietung seines Kontrahenten sichtlich gelangweilt. Neben zwei Zuhörern, wohnt die Göttin Athena dem Wettstreit bei. Im Hintergrund, am rechten Rand des Tellers, ist die Schindung des Marsyas durch Apollon zu sehen.

Eine um 1600 in Augsburg oder Nürnberg entstandene Uhr nimmt Bezug auf die Sage von *Diana (Artemis) und Aktäon*, deren Schlüsselszene auf einem in das Ebenholzgehäuse eingelegten Silberrelief dargestellt ist. Abb 32 Der Jäger Aktäon überraschte Diana beim Bad. Voll Zorn verwandelte ihn die Göttin der Jagd in einen Hirsch, woraufhin er von seinen eigenen Hunden gehetzt und schließlich zerrissen wurde. Das ursprünglich als Wanduhr

Abb. 31
Teller
Majolika, Padua (?)
um 1550/60
Durchmesser 28,8 cm

Abb. 32
Uhr
Ebenholz, Bronze,
feuervergoldetes Messing,
Silber und Perlmutt,
Augsburg oder Nürnberg
um 1600
Höhe 137 cm

Abb. 34
Pokal, Elfenbein
niederländischer Meister (?)
2.H. 17. Jh.
Höhe 30,5 cm

Abb. 33
Deckelbecher
Opalglas
Venedig,17. Jh.
Höhe 24,5 cm

konzipierte und im 17. Jahrhundert zu einer Tischuhr umgebaute Stück wird von vergoldeten Bronzefiguren des Aktäon und drei seiner Hunde bekrönt.

Zu den Hauptstücken der Gothaer Glassammlung zählt ein venezianischer Deckelbecher mit *Nereidenzug* aus dem frühen 17. Jahrhundert. Abb. 33 Das in einer dreiteiligen Form geblasene Opalglasgefäß zeigt den Meeresgott Neptun (Poseidon), gefolgt von einem Tritonen mit Muscheltrompete und drei der fünfzig Nereiden. Der Sage nach lebten die schönen Töchter des Meergreises Nereus in einem Palast auf dem Meeresgrund und vergnügten sich gern mit Tritonen und Delphinen auf den Wellen ihres Großvaters Okeanos.

In der Kunstkammersammlung sind es vornehmlich Elfenbeinschnitzereien, die sich inhaltlich auf Themen der antiken Sagenwelt beziehen. Ein in der zweiten Hälfte des 17. Jahrhunderts wohl von einem Niederländischen Meister geschaffener Pokal ist den *Heldentaten des Herkules* gewidmet. Abb. 34 Die Figur des griechischen Helden bildet den Schaft des Pokals und scheint – atlasgleich– die Kuppa zu tragen. Auf seine Keule gestützt, drückt er den dreiköpfigen Höllenhund Zerberus nieder. Das Relief der Kuppa zeigt einen Jagdzug, der mehrere Taten des Herkules zitiert: Die Jagd auf den erymanthischen Eber und die kerynitische Hirschkuh, die beide mit List von Herkules lebendig gefangen wurden; Diana, die Göttin der Jagd und des Mondes, die versucht, Herkules' Angriff auf die goldgehörnte Hirschkuh abzuwehren und im Hintergrund die Tötung des Riesen Cacus, den Herkules nach der römischen Sage mit seiner Keule erschlägt. Abb. 35

Unter den Gold- und Silberschmiedeobjekten befinden sich zwei um 1725 /27 entstandene Deckelbecher des Augsburger Goldschmiedes Daniel I Schäffler (1659-1727). Die äußerst qualitätvollen Emailmalereien auf den Wandungen beider Stücke wurden mit großer Wahrscheinlichkeit in der Werkstatt des Johann Aufenwerth ausgeführt. Den Darstellungen liegen Stichvorlagen Bernard Picards (1673-1733) nach Episoden aus den *Metamorphosen* des römischen Dichters Ovid zugrunde. Während auf einem Becher die in der bildenden Kunst vielfach zitierte Szene der *Verführung der Leda durch Zeus* (Jupiter) in Gestalt eines Schwanes dargestellt ist, zeigt das zweite Exemplar die Annäherung des Zeus an Eolis.

Abb. 35
Pokal, Elfenbein
Detail von Abb. 34
mit reitender Diana

Abb. 36
Detail mit Zeus und Eolis
von einer Emailmalerei eines Deckelbechers
Augsburg, um 1725/27
Höhe 22 cm

Auch hier handelt es sich um eine Verführungsszene, bei der sich der Götter-Vater seiner Angebeteten in Gestalt einer Schlange nähert. Abb. 36

In der annähernd 300 Exemplare umfassenden Gothaer Fächersammlung, die zu den bedeutendsten in Deutschland zählt, findet man ebenfalls zahlreiche Beispiele mythologischer Darstellungen. Stellvertretend soll hier ein englischer Faltfächer mit Elfenbeingestell aus der Zeit um 1770/80 vorgestellt werden. Abb. 37 Die Gouachemalerei auf dem Blatt aus Velin, einer speziell für die Fächerherstellung präparierten Kalbshaut, zeigt ein antikes Bildhaueratelier. Die zentrale Szene handelt von der Geschichte des Königs von Kypros (Zypern) und berühmten Bildhauers Pygmalion. Er entbrannte in heißer Liebe zu einer von ihm selbst geschaffenen Mädchenstatue aus Elfenbein. Venus (Aphrodite), die Göttin der Liebe, hatte Mitleid mit dem liebeskranken König und hauchte der Statue Leben ein. Daraufhin machte Pygmalion das schöne Mädchen zu seiner Frau.

Abb. 37
Faltfächer
Gouachemalerei auf Velin, Elfenbeingestell
England, um 1770/80
Länge 27 cm

Innerhalb der Sammlung europäischer Porzellane fallen die Erzeugnisse der 1757 in Gotha gegründeten Manufaktur durch „(...) die Schönheit der Mahlerey, und das Geschmackvolle in der Form, sonderlich in der antiken, (...)", wie es in einer zeitgenössischen Reisebeschreibung Albert Klebes heißt, besonders ins Auge. Seit Mitte der 80er Jahre des 18. Jahrhunderts stellte die Manufaktur Geschirre und Vasen im sogenannten Stil „à l'étrusque" her. Als Vorlagen für die antike rotfigurige Vasenmalereien imitierenden Dekore, nutzten die Gothaer Porzellanmaler die „Antiquités étrusque...", eine Prachtpublikation der ersten Vasensammlung des britischen Gesandten in Neapel, Sir William Hamilton. Herzog Ernst II. von Sachsen-Gotha-Altenburg (1745-1804) hatte das aufwendig ausgestattete Tafelwerk für seine Privatbibliothek erworben und stellte es den künstlerischen Mitarbeitern der Manufaktur, darunter Johann Georg Gabel (1740-1810), ein Schüler Johann Heinrich Tischbeins d.Ä. (1722-1789), für Studienzwecke zur Verfügung.

Abb. 38, Vase, Porzellan, Gotha, um 1785/90, Höhe 31 cm

Eine besonders qualitätvoll ausgeführte Gothaer Porzellanmalerei stellt *Herkules im Garten der Hesperiden* dar. Sie ziert die Wandung einer um 1785/90 entstandenen Deckelvase. Abb. 38 Im Zentrum der dargestellten Szene ist der von dem Drachen Ladon – hier in Gestalt einer Schlange – bewachte Baum mit den goldenen Äpfeln zu sehen. Zu beiden Seiten des Baumes stehen die Hesperiden und schauen zu Herkules, der auf einem Löwenfell sitzt. Mit Hilfe des Atlas, dem Vater der Hesperiden, gelang es Herkules, sich der Goldenen Äpfel, die Gaia der Hera zu ihrer Vermählung mit Zeus geschenkt hatte, zu bemächtigen.

Die Herstellung figürlicher Porzellane spielte in der Gothaer Manufaktur lediglich eine untergeordnete Rolle. Bei den wenigen erhaltenen Stücken handelt es sich überwiegend um Biskuitfiguren mit mythologischem Bezug. Die Modelle zu diesen Figuren schuf der Gothaer Hofbildhauer Friedrich Wilhelm Doell (1750-1816). Als Sohn des Verwalters der Porzellanmanufaktur Kloster Veilsdorf im benachbarten Herzogtum Sachsen-Hildburghausen, hatte er eine entsprechende Ausbildung genossen. Eine um 1785/95 von Doell geschaffene Figurengruppe zeigt ein *Niobidenpaar*. Abb. 39 Nach der griechischen Sage verhöhnte Niobe, die Mutter der vierzehn Niobiden, Leto, die Mutter des Apollon und der Diana, weil diese nur zwei Kinder hatte. Das göttliche Geschwisterpaar Apollon und Diana rächte sich, indem es die Niobiden mit Pfeilen töteten. Daraufhin erstarrte Niobe in ihrem Schmerz zu einem weinenden Felsen. Die Figurengruppe zeigt zwei Niobiden im Augenblick des Angriffs. Das Mädchen klammert sich ängstlich an ihren Bruder, der sie schützend umfasst und seine Linke zur Abwehr gegen die todbringenden Pfeile erhebt. Wagt man einen stilistischen Vergleich der nach Doells Modellen in der Gothaer Manufaktur entstandenen Porzellane mit seinen klassizistischen Skulpturen, werden deutliche Parallelen sichtbar.

Abb. 39, Niobidenpaar, Biskuitporzellan, Gotha, um 1785/95, Höhe 33 cm

Mnemosyne
Erinnerung ist
die Mutter der Künste.
Unsere Gedanken
über die Kunst
sind Auslegungen
der griechischen
Gedanken.
Denn Griechenland
ist der Modellfall
für Europa.
Gerhard Marcks

GEGENWART

PETER ARLT

Mythos und Figur in zeitgenössischer deutscher Kunst

I. Erschaffung

Gaia
Prometheus
Mixta composita animalia
Pegasos
Kentaur
Ixion
Minotauros
Minotauria

Hartmut Bonk
Wilfried Fitzenreiter
Sabine-C. Sauermilch
Dagmar Ranft-Schinke
Walter Sachs
Bernd Göbel
Bärbel Dieckmann

Gaia, Göttin der Erde, Allmutter und Urgottheit, gebar nach Hesiod aus sich selbst Uranos, den Himmel, welcher sie umhüllte und mit ihr neben vielen anderen die Titanen und Kyklopen zeugte. Doch Uranos verbannte grausam ihre einäugigen Kinder in den Tartaros. Da forderte die erzürnte Gaia von den Titanen den Aufruhr gegen ihren Vater, gab Kronos eine Sichel, dass er ihn entmanne. Aber als wiederum Kronos seine mit Rheia gezeugten Kinder verschlang, half die empörte Gaia ihrer Tochter Rheia mit einer List. Sie barg deren Sohn Zeus in ihrem Schoß, einer Höhle auf Kreta. So bereitete sie den Aufruhr vor, dass Kronos gestürzt und, nachdem die Kyklopen befreit waren, die olympische Götterherrschaft errichtet werden konnte.

Als mächtige weibliche Gestalt mit bannendem, seherischem Blick, zupackenden Händen und zertretendem Fuß malte Hartmut Bonk die *Gaia*, 1993. Abb. 1 Sie gewinnt bei Bonk – im Sinne Carl Gustav Jungs – die Dimension des Archetyps des Großen Weiblichen, des Urbildes der „Großen Mutter", das im Manne ein „bio-psychisches Ergriffensein", das ambivalente Gefühl numinoser „Erhobenheit" und Überwältigtsein, von Faszination und auch von Angst bewirkt (E. Neumann, S. 19 f.). In der blau kontrastierten expressiven blutroten Gestalt und den gegensätzlichen Formen wie in der Wildheit der Haare bricht die Gegensätzlichkeit der Gaia auf, offenbart sich ihr ambivalentes Verhalten, das Furchterregende der Rächerin, ihr aufrührerisches Potential, mit dem sie Revolutionen entfacht. Das Bild zeigt Gaia und ihre Söhne, die Titanen, die sie beschützt und vernichtet, zur Tat treibt. Nach antiken Quellen gebar Gaia auch die Titanin Themis, das personifizierte Recht, deren Sohn Prometheus von den Müttern den Sinn für Gerechtigkeit und den empörerischen Geist weitertrug.

Prometheus ist ein klassisches Urbild desjenigen, der sein Schicksal selbst, unabhängig vom Willen der Götter oder jenen, die sich dafür halten, bestimmen wollte. Doch er ist von Anbeginn eine umstrittene Gestalt. Während in einem alten Kult die Athener Handwerker Prometheus als Schutzgottheit und Gott des Feuers mit einem Fackellauf ehrten (Fritz Jürß 1983, S. 95), wird er in der ersten Quelle, der Theogonie von Hesiod, um 700 v. Chr. aus adliger Sicht als hinterlistiger Betrüger geschildert, der sich gegen eine von Zeus gerecht eingerichtete Welt auflehnt und zu Recht bestraft wird. Angeschmiedet an den Kaukaus am östlichen Ende der alten Welt verkörpert er mit seinem Bruder Atlas, der am westlichen Ende die Himmelskugel tragen muss, durch seine Bestrafung die Beherrschung der Gegner durch die olympischen Götter. Exemplarisch ist auch, dass Prometheus, die selbstbewusste Gestalt und das Vernunftssymbol, in den vom christlichen Glauben dominierten Zeiten kaum eine Rolle spielte. Dagegen stieg Prometheus in der Epoche der Aufklärung zum „vornehmsten Heiligen und Märtyrer im philosophischen Kalender" auf, wie ihn Karl Marx in seiner Dissertation bezeichnet hat (Berlin 1968, S. 263). Den überragenden Anteil daran hatte Goethes Ode von 1774, in welcher bekanntermaßen im Bild des gegen die Götter aufbegehrenden Prometheus der Freiheitsanspruch des Bürgertums vehement vertreten wird. Sein stolzes Schöpfertum wurde zum Leitbild all derer, die sich im politischen, pädagogischen oder künstlerischem Sinne als Menschenbildner verstanden. „Hier sitze ich, forme Menschen/Nach meinem Bilde, /Ein Geschlecht, das mir gleich sei", so könnte auch jener *Prometheus* sinnieren, den Wilfried Fitzenreiter auf einer Medaille des Jahres 1992 bei seiner Arbeit zeigt. Abb. 2 Vor ihm steht auf einem Sockel der Mensch, den er aus Ton erschaffen hat, seitlich die ungeformte Tonmasse, im unteren Feld Steinmetzknüppel, Meißel und Zirkel. Prometheus bringt die Messschnur ins Lot und prüft mit ihr ruhig und konzentriert das Ergebnis seiner Arbeit. Die schöne Gestalt eines Jünglings, den Athletenstatuen des Polyklet gleich, entspricht in Ponderation und mit der angewandten Proportionsregel des 8-Kopf-Kanons der griechischen Klassik. Die Griechen waren ein Volk des Maßes. Nach dem Homo-mensura-Satz des Protagoras aus Abdera ist der Mensch das Maß aller Dinge. Dieses Maß ist dem mythischen Bildhauer Prometheus zu danken. Als Schöpfer der menschlichen Figur ist er die Symbolgestalt des Bildhauers. Nirgendwo sind Mythos und Figur so direkt aufeinander bezogen. Eingeschlossen ist das Maß als ein Synonym für Gesetzmäßigkeiten. Das Ideal des Menschenbildes besteht aus ästhetischen wie ethischen Vorzügen und vereint das Schöne (griech. kalon) und das Gute (griech. agathon) zur Vortrefflichkeit (Kalokagathia). Wie Fitzenreiter halten die Künstler von *Mythos und Figur* mit

Gerhard Marcks daran fest: „Mnemosyne Erinnerung ist die Mutter der Künste. Unsere Gedanken über die Kunst sind Auslegungen der griechischen Gedanken. Denn Griechenland ist der Modellfall für Europa" (zit. bei Jean J. Keller, S. 8). Die Antike gibt eine Richtschnur, mit ihr prüft Prometheus den Menschen, der das Maß ist für die Kunst. Doch seit Albrecht Dürer blieb die Frage virulent, was denn das Schöne sei. Das Prinzip, das Maß Mensch zu halten, provozierte den Ausbruch. In der Kunst folgte jenseits der Figur eine endlose Ausdifferenzierung mit fruchtbaren wie sterilen Ergebnissen. Diese bewirken wiederum, sich zu besinnen, dass der Mensch dem Menschen das Wichtigste ist, von dem ein bestimmter Maßstab ausgeht für Moral, für Ethik, für Äthetik und natürlich für Kunst ebenso.

Ob Prometheus der Wissenschaftler unserer Tage sei, fragt sich die Erfurter Künstlerin Sabine-C. Sauermilch. Mit ihrer Videoinstallation *Ebenbilder* hinterfragt sie den Hintersinn des stolzen Wortes vom Menschen als Schöpfer seiner selbst. Abb. 3 Sie nimmt sich das vieldiskutierte Ziel der Biogenetik, den Menschen „ohne Fehl und Tadel" zu schaffen, als Kritikpunkt vor. Diesen fundiert sie, indem sie die tiefe Verankerung einer solchen Intention in einem Strang der kulturellen Tradition aufzeigt. Ihre Videobilder zeigen in einem Gang durch den Westflügel vom Schloss Friedenstein, an Plastiken des Klassizismus, wie Venus, Diana oder Morpheus, vorbei hin zur Antikensammlung, in exemplarischen Bildschnitten, wie in der Kunst ein ideales Menschenbild nach dem Vorbild antiker Statuen entworfen wurde. Die Raumflucht der Galerie deutet eine Zeitreise an, welche durch Überblendungen von Videosequenzen auf einer zweiten Bildspur verbunden sind mit dem schöpferischen Akt des Formens von Tonfiguren. Diese konterkarieren das klassisch Ideale, denn sie sind wie minoische Idole auf das Wesentlichste beschränkt und stammen von den Händen eines Mannes aus einer Behindertentöpferei. Die Gesichter weiterer Behinderter und „normaler" Alltagsmenschen gehen in Anschnitten und Nahsichten optisch in Köpfe von Plastiken über oder treten aus ihnen hervor. Zugleich vermitteln die idealen Porträts Kühle und Gleichförmigkeit, die gesprengt wird von der Lebendigkeit der ausdrucksvollen, wiewohl „unzulänglichen" Gesichter. Auf einer dritten Spur, der Tonspur, werden Textfragmente aus der Mythologie und der Bundestagsdebatte zum Thema Bioethik zu einem „Klangteppich" verwoben. Eine Reihe der im Video gezeigten Tonfiguren führt real in die Ausstellung *Mythos und Figur*. Die Besucher können ihren Namen den anonymen Figürchen zugesellen und diese erwerben, vielleicht als Zustimmung zu solcher prometheischen Kreativität, die einen Klumpen Lehm beseelt.

„Von mir, Prometheus, kommt den Menschen alle Kunst (tekne)", ruft er und nennt den Hausbau, Pflug, Pferdewagen, das Schiff, die Arznei, Erzgewinnung und Seherkunst, hebt „die Zahlen, aller Wissenschaften trefflichste" und „der Schrift Gebrauch" hervor; seine Schuld bestünde darin, dass er den Menschen „des Geistes mächtig und bewußt werden ließ" (Aischylos, S. 271 f.). Eben dies wird seit der Antike nicht nur als Garantie sicheren Lebens bewertet. Vielmehr erscheinen Technik und Fortschritt Hesiod und Diogenes als Zeichen des Verfalls, deshalb sei eine Rückkehr zum tierhaften Leben, zur animalischen Natur geboten (R. Bees, S. 506). Dieser Grundkonflikt zieht sich seither durch die Menschheitsgeschichte. Er gipfelt darin, dass sich der Mensch mittels Wissenschaft und Technik, deren Grundlage die Vernunft ist, selbst ausrotten kann.

Beschrieben haben ihn Max Horkheimer und Theodor W. Adorno in einem mythologischen Bild: „Zwischen der Szylla des Rückfalls in einfache Reproduktion und der Charybdis der fessellosen Erfüllung will der herrschende Geist von Homer bis zur Moderne hindurchsteuern" (S. 46). Scylla, das Meerungeheuer mit zwölf an einen Felsen gefesselten Füßen und sechs Köpfen, und Charybdis, das gefräßige Weib mit klaffendem Schlund, sind Beispiele für die ungefesselte Entfaltung des Geistes, die ungebremste Phantasie der antiken Mythologie. Sie liefert mit den Geschichten von Mischwesen aus Teilen von Menschen, Tieren und Naturelementen ein Drehbuch für phantasmagorische Lebensformen, für *Mixta composita animalia*. Mit ihnen wurden zum einen die schwer angreifbaren oder beherrschbaren Kräfte und Mächte in der Natur personifiziert, wobei es platt wäre, unter Scylla und Charybdis lediglich ein Katastrophengebiet der Seefahrt in der sizilianischen Meerenge zu verstehen. Doch im Gegenzug sind sie ein Ausdruck des Wunsches, diesen Wesen stand-

Abb. 1 Hartmut Bonk, Gaia, 1993, Öl auf Leinwand, 250 x 140 cm

zuhalten und übermenschliche Fähigkeiten zu besitzen, denen man an verschiedenen Tieren gewahr wurde und die man vereint wünschte. Ein exemplarischer Fall dafür ist der Kampf gegen die Chimaire (Chimäre). Heute nennt man die Verschmelzung von menschlichen und tierischen Embryonen Chimärenwesen. In der Antike war es ein Scheusal mit den Köpfen und Körperteilen eines Löwen, einer Ziege und eines Drachen, das aus sich loderndes Feuer schnob (Hesiod, S. 66). Nur wer schnell beweglich von allen Seiten angreifen konnte, konnte sie besiegen.

Dies gelang Bellerophon mit *Pegasos*. Das geflügelte Pferd, das von starker, weißer Gestalt mit seinem Hufschlag Quellen hervorspringen lassen kann, besitzt den Ruf eines edlen Wundertieres, das als Dichterross auch Inbegriff der hochfliegenden künstlerischen Phantasie ist. Doch der reine Pegasos ist blutigen Ursprungs. Als seine Mutter, die schreckliche Gorgo Medusa, deren Blick versteinern konnte, und die von Poseidon in Rossgestalt schwanger war, von Perseus enthauptet wurde, sprang Pegasos mit Chrysaor aus ihrem Rumpfe. Leben steigt aus dem Tod, aus dem Schrecklichen das Schöne, aus dem Bösen das Gute. Das ist die oft anzutreffende Dialektik des griechischen Mythos.

Eine Weide für Pegasus breitet sich vor dem Fenster Dagmar Ranft-Schinkes (DRS), wo er wie in einem romantischen *Traum*, 1994, mit der Künstlerin und ihrer Phantasie aufsteigt. Abb. 4 Diese Künstlerin, die am Stadtrand von Chemnitz auf einem Gehöft wohnt und seit Kindesbeinen mit Pferden vertraut ist, so dass sie Mimik und Gebärden der Pferde verstehen gelernt hat, darf als Pegasus-Meisterin gelten. Dieser erwies Joseph Beuys seine Referenz, indem er ihr einen kleinen Pegasus gezeichnet hat. Wer dem geflügelten Pferd so mit Herz und Hirn verbunden ist, erlebt den Mythos nicht allegoresenhaft, die Mythologie nicht als ein bloßes Arsenal von Sinnbildern und folglich Pegasus nicht nur als „Symbol für Kraft und Freiheitsdrang" (D. Koch, S. 5). Denn hier wächst das Motiv des Pegasus auf dem Keimboden des tiefen Naturerlebens und täglichen Umganges mit der geliebten und bewunderten Kreatur, vertieft sich poetisch mit Lektüreerlebnissen, wie bei dem lateinamerikanischen Autor Monterroso, der von einem „Gott in Pferdegestalt" schreibt, und mit der Überzeugung, dass Verwandlung eine mythische Grunderfahrung ist. Pegasus erklärt sich künstlerpsychologisch auch als ein Ausdruck des Wunsches von DRS, aus ihrer Haut als „sachlicher Mensch", wie sie zu sich sagt, zu schlüpfen und „in Gedanken abzuheben" (1996, Gespräch). So hat sich Pegasus gleichsam auf eine innere „Matrize" von DRS gebrannt, von welcher er seit den 70er Jahren im Prozess des Arbeitens fast automatisch abgerufen wird. Un- und unterbewusste Schichten durchdringen sich mit bewusster Reflexion und bringen durch spontanes Arbeiten mit Aquarell, Acryl, Tusche und Stift eine fast informell zu nennende Bildstruktur hervor. Mit großer Lineatur wird das Format ausgespannt und die lebhaft bewegten Pinselspuren stoßen in kräftigen Farben gegeneinander, verwandeln sich prozesshaft, enden und beginnen neu. Sie sind Formausdruck für Geburt und Metamorphose, für die inhaltliche Suche nach dem Gemeinsamen von Baum, Tier, Mensch, die dann oft in Fabelwesen, wie Kentauren, Zyklopen und eben im Pegasus motivliche Gestalt findet.

In *Geburt des neuen Pegasus*, 1993, dringen aus einem tiefen Blau blütengleich orange-rote Töne, die zu weiß-gelblicher Helle streben und einen kleinen, weißen Pegasus in sich bergen. In schräger Lage, schlägt er noch unsicher seine Flügel, wendet den Kopf. Abb. 5 Er wird, aus einem blutfarbenen Wirbel kommend, geformt. Ein aufsteigendes grafisches Gerüst stützt sein Emportaumeln, das sich im Moment des Erreichens der blauen Horizontlinie zum Fliegen wandelt. Noch bremst ihn der rote Bogen seiner Geburt über ihm. Der blaue Raum aus dem Pegasus hervorgebracht wird, mag als Nacht oder Meer gedeutet werden, es ist die Tiefe des Unbewussten, aus dem jeder neue Gedanken, jede neue Vision steigt. Ihre oft schmerzhafte Geburt in der Inspiration erleben wir in diesem sinnhaft sinnlichen Bildgefüge.

Kentauren als Symbiosesymbol von Mensch und Tier, in denen die Kraft und der Instinkt des Pferdes mit dem Intellekt des Menschen verschmolzen sind, bevölkern die Bilder von DRS in ähnlicher Weise wie Pegasus. Mit ihnen verbindet sich der Wunsch nach harmonischer Einheit von Mensch und Tier, die Erinnerung an die gemeinsame Herkunft aus der Natur, an deren nährenden Busen wir alle hängen. Den drohenden Verlust dieser Zusammengehörig-

Abb. 2 Wilfried Fitzenreiter, Prometheus formt den Menschen, 1992, Bronze, Durchmesser 55 mm, einseitig

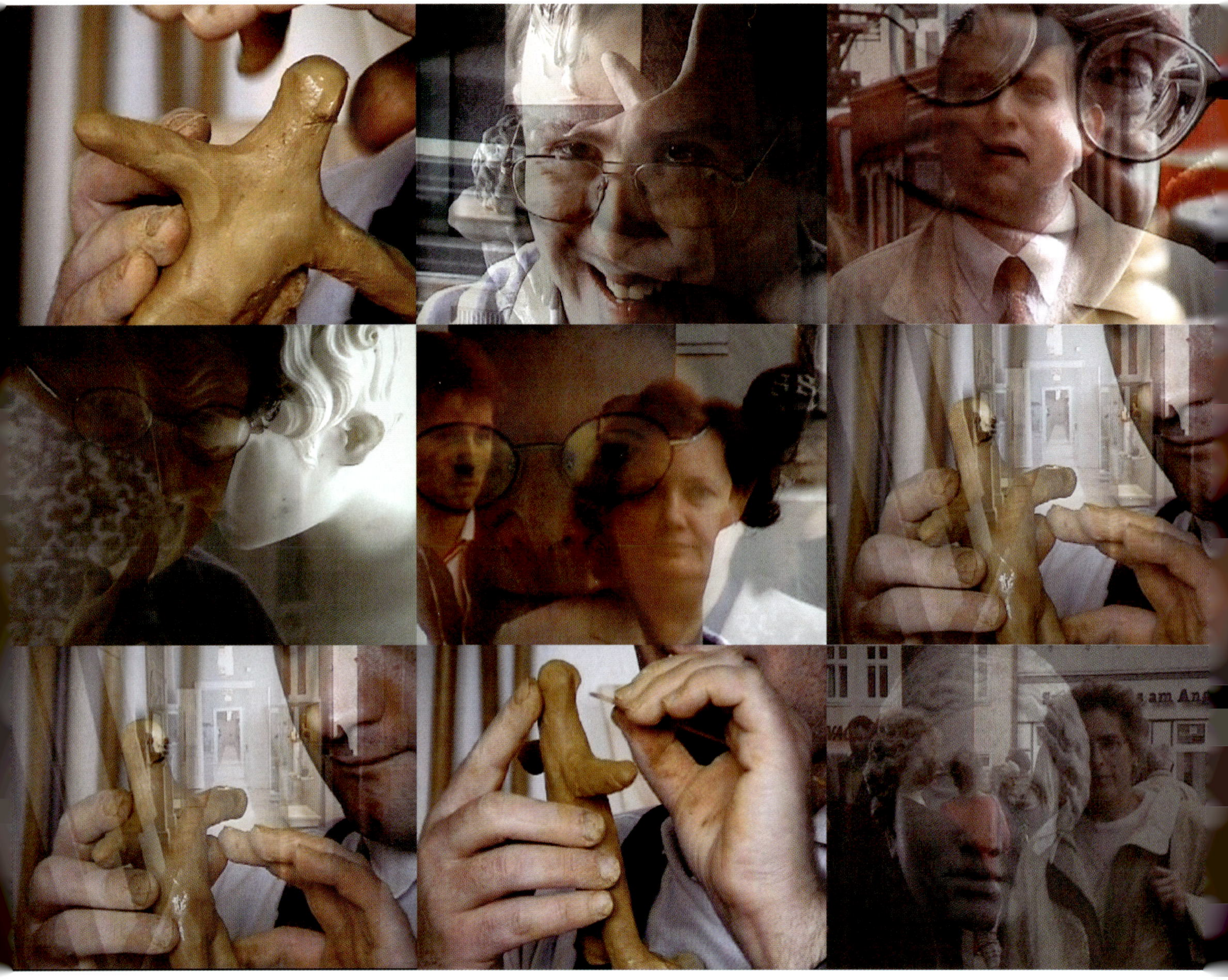

Abb. 3 Sabine-C. Sauermilch, Ebenbilder, 2001, Videoprojektion/Tonfiguren

keit, die Tatsache, dass selbst im dörflichen Raum „der Industrialismus die Seelen (versachlicht)" (M. Horkheimer/Th. Adorno, S. 42), beklagen Bilder, wie *Die letzten Zentauren II*, 1992. In ihnen zeigt sich eine gewisse romantische Rückbesinnung im gleichsam kosmischen Raum, dessen große Tiefe an surreale Räume oder solche von Caspar David Friedrich erinnert.

Eine kritische Sicht auf die Denaturierung der Natur durch den Menschen, nicht zuletzt seiner eigenen Natur, kann auch im Werk anderer Künstler abgelesen werden, so in Walter Sachs´ *Traurigen Centauer* von 1992. Abb. 6 Fernöstlichen Meistern verwandt, setzt er auf dünnes Papier mit dem Rundpinsel in schwarzer Tusche und breiten Linien seine Figuration. Sie ist zunächst vor allem intensive Formbewegung und bewahrt sich die Assoziierbarkeit mit Baum, Tier, Mensch, bleibt also offenes Bildzeichen, während der Titel nur eine Sicht bezeichnet, wie hier: ein Kentaur auf Rädern, der traurig ist, weil seine Menschenhälfte nicht mehr mit dem Pferd verschmolzen ist, sondern mit dem Auto.

Der Kentaur erlebte eine wundersame Erschaffung aus einer Wolke. Sie war der Hera nachgeformt, welche in seiner Vermessenheit Ixion begehrte. Zur Strafe wurde er auf ein ewig rollendes Rad geflochten. Dieses Motiv wandelte Hartmut Bonk in der Plastik *Mit Rad*, 1992, indem er das Rad in das Schrittmaß des Ixion hineinzwingt. Abb. 7 Dieser aufs Rad montierte Prothesenmensch ist ähnlich wie der Kentaur von Sachs ein Sinnbild der ans Rad gebundenen Menschheit, die es immer weiter fort treibt.

Die Technisierungsskepsis schließt das Interesse an den Möglichkeiten der Wissenschaft nicht aus. Dagmar Ranft-Schinke fasziniert das „Denken am Rande des Undenkbaren" (Rupert Sheldrake) und Technologien zu entwickeln, die Anorganisches mit Organischem vereinen, so dass gänzlich Neues entsteht, wie Keramik, die man biegen kann, oder durch die Verpflanzung von Genen über Artgrenzen hinweg neue transgene Pflanzen und Tiere. Doch kritisch spielt sie in einer individuellen Mythologie die *Metamorphose VII*, 1994, ihres Lieblingstieres zum Zweibeiner, zum Floh, zum „crazy horse" durch. Abb. 8 Vor allem in ihren meist aquarellierten Kaltnadelradierungen erfindet sie selbst neue Mixta composita animalia, die sie in satirisch-hintergründigen Vexierbildern mit gekritzelten Chromosomenzeichen, dem japanischen Wort für Unendlichkeit, mit Freimauerer-Elementen, dem Auge Gottes oder der höheren Verantwortung und Gerechtigkeit in ein phantasievolles Zusammenspiel bringt. Abb. 9

In unserer Zeit sollten wir uns scheuen, *Zauberlehrling*, wie etliche Bilder von DRS benannt sind, zu spielen, und vor der Anmaßung gewarnt sein, dem Prometheus gleich sein und einen neuen Menschen erschaffen zu wollen. Das Schreckensgebilde, das Mary W. Shelleys *Frankenstein oder der moderne Prometheus* erschafft, soll vor der menschlichen Hybris warnen, die angesichts der Erfindungen in der Gentechnologie außerordentlich aktuell wirkt. Nach den Begeisterungsrufen der Forscher gingen Entsetzensschreie um die Welt, als erste Fälle des Klonens gelungen sind. Hin und her wogt die Diskussion über die Erforschung embryonaler Stammzellen und die Präimplantationsdiagnostik (PID). Biotechnologie als Problemlösung für unheilbare Krankheiten wird begrüßt und befeindet. Geht es um gesunde oder perfekte Babies oder gar um „Bio-Design"? Wann beginnt der Mensch? Mit der Verschmelzung von Ei- und Samenzelle oder mit dem Fötus des 80. Tages, wie die katholische Kirche bis 1869 noch annahm? Doch wie entgeht man beim Lösen dieser Probleme, „dass die Probleme, die aus der Problemlösung entstehen, (nicht) größer sind als die Probleme, die gelöst werden?" (D. Mieth, S.4). Die Wahrheit liegt auch hier zwischen Scylla und Charybdis. Die Beschleunigung der Biotechnik fordert die Ethik und, wie wir sehen, die Kunst heraus. Abb. 10

Mit ihrem komplexem Nachdenken über Probleme regt DRS zu einer kritischen Sichtweise an, die sie zur Gen-Forschung bereits von 1980 an nachwies, doch auch zum Phänomen der globalen Vernetzung und totalen Überwachung. Die Zwiespältigkeit der digitalen Welt wie der Biotechnik findet in ihrem Werk einen Ausdruck im Labyrinth, aus dem herausgefunden, aber in dessen dunklen Irrwegen auch auf monströse Gestalten gestoßen werden kann.

Minotauros, ein ungewöhnliches „Chimärenwesen", wohnt im Labyrinth. Um ihn sicher wegzusperren, hatte König Minos von Kreta den Daidalos beauftragt, solch ausgeklügeltes Bauwerk zu schaffen. Zuvor hatte dieser berühmte Künstler und Erfinder für die Frau des

Minos, Pasiphae, eine künstliche Kuh gebaut, in die sie hineinkriechen konnte, um sich mit einem schönen weißen Stier „gemein machen" zu können. Aus dieser Verbindung gebar Pasiphae ein monströses Kind mit Menschenleib und Stierkopf, das im Labyrinth gefangen gehalten wurde. Dies auch, weil der inzwischen kraftvoll männliche Minotauros Menschenopfer forderte. Oder Minos forderte diese für ihn vom tributpflichtigen Athen, je sieben Jünglinge und Mädchen jährlich. Dies zu beenden, ließ sich Theseus mitschicken. Welchen Fortgang der Mythos fand, kann erfahren, wer sich in das *Theseus-Portal*, 1989/90, der Berliner Bildhauerin Bärbel Dieckmann begibt. Abb. 11 Dort ist das Geschehen in einem Hochrelief um die acht Seiten beider Torteile herumgeführt.
Theseus begibt sich in das Labyrinth. Dessen Verwinkeltheit wie die Schwere des Kampfes zwischen Theseus und Minotauros findet durch Stufen und eine geschickte Ecklösung, die die Künstlerin fand, räumlichen Ausdruck. Theseus ersticht den Minotauros, der in der nächsten Szene zusammengebrochen ist. Ungewöhnlicherweise wird zudem das Labyrinth mitsamt einer Knossos-Säule zusammenstürzen. Mit dieser eigenen Erfindung deutet Bärbel Dieckmann darauf, dass dieser Mythos mit der Tötung des Stiermenschen durch einen Helden aus Athen, der zudem die Königstochter Ariadne von Kreta entführt, den Untergang der kretisch-minoschen Vorherrschaft und den Beginn der griechischen spiegelt.
Auf dem anderen Portalflügel fehlt bereits Theseus, der die schlafende Ariadne verlassen hat. In ihrem Schoß hält sie noch das Fadenbündel, das sie Theseus gegeben hat, damit er wieder aus dem Labyrinth herausfindet. Aber auf der anderen Seite der Torhälfte nähert sich Dionysos, ihr künftiger Gemahl. Doch davon bei einem anderen Künstler mehr.
Das Schicksal des Minotauros bewegt Bärbel Dieckmann. Sie sieht seine Ambivalenz, das Aggressive und zugleich Leidende. Von Germaine Richier und Pablo Picasso angeregt, ist Minotauros auch das „Gleichnis eines hilflosen Befangenseins im Animalischen" (Lexikon der Kunst, IV, S. 756). Doch Bärbel Dieckmann fragt vor allem, warum Minotauros so geworden ist. Als Ursache erscheint ihr, dass er „Opfer seiner Herkunft" ist und schon als Kind im Labyrinth gefangen gehalten wurde, er habe sich „in seiner Einsamkeit unbewusst nach Freundschaft gesehnt". Damit kommt sie der Ballade *Minotaurus* von Friedrich Dürrenmatt nahe. Folgende Einsicht ist es aber vor allem: Die Geschichten um Minotauros nehmen deshalb einen schrecklichen Verlauf, „weil die Menschen nichts mit ihm anzufangen wussten..."
An diesem Punkt angelangt, überzeugt Bärbel Dieckmanns Insistieren auf die psychologischen Grundmuster in den Mythen, die diese so aktuell machen, weil Minotauros beispielsweise auch an die Kriegsopfer aus Ruanda denken lässt. Darin zeigt die aus Westfalen stammende und aus der Realismus-Schule von Richard Heß hervorgegangene junge Künstlerin, welche Möglichkeiten zur Verallgemeinerung, ja menschheitsgeschichtlichen Vertiefung der Realismus dank des Mythos besitzt.
Bärbel Dieckmann ist eine Minotauros-Meisterin, die wiederholt Variationen dieser Gestalt und mit *Kykloptauros*, 2001, eine surreal anmutende Mischform aus Kyklopen und Minotauros erschaffen hat. Abb. 12 In dieser kontrastieren monumental geschlossene, kraftvolle Körperformen mit einem großen Volumen aufgerissener Gewandformen. Mit dieser Plastik wie mit der weiblichen Form der mythischen Gestalt, der *Minotauria*, beabsichtigt die Künstlerin, den Mythos durch neue, aktuelle Erfindungen lebendig zu halten. Abb. 13 Der spannungsvoll gestreckte Leib, der angehobene Schenkel, die straffen Brüste Minotaurias, in Verbindung mit der sinnlich schrundigen Oberfläche der Plastik machen bewusst, dass Bärbel Dieckmann auch den Minotauros mit Erotik und Sexualität verbunden sieht. Auf dem Hintergrund von Vergänglichkeit und Tod, der sich in den Knochenschädeln manifestiert, bringt das Mysterium des Eros mit irrational fortreißender, triebhafter Sinnlichkeit solch bizarre Gestalten hervor, wie Minotauria.

Abb. 4 Dagmar Ranft-Schinke, Traum, 1994, Mischtechnik (Acryl/Aquarell) auf Leinwand, 100 x 80 cm

Abb. 5 Dagmar Ranft-Schinke, Geburt des neuen Pegasus, 1993, Mischtechnik (Acryl/Aquarell) auf Papier, 102 x 75 cm

Abb. 6 Walter Sachs, Trauriger Centauer, 1992, Pinsel, Tusche, 70 x 49 cm

Abb. 7 Hartmut Bonk, Mit Rad – IXION, 1992, Papiermaché, 265 x 150 x 100 cm
Abb. 8 Dagmar Ranft-Schinke, Metamorphosen VII, 1994, Tusche/Aquarell auf Japanpapier, 93 x 63 cm

Abb. 9 Dagmar Ranft-Schinke, Traumlabyrinth oder Rätsel, 1995, aquarellierte Kaltnadelradierung, 16 x 12 cm (Platte)

Abb. 10 Bernd Göbel, O.T., 2000, Holzschnitt, 10,8 x 31 cm

Abb. 11
Bärbel Dieckmann
Portal zum Theseusmythos (Theseusportal)
1989, Stuck, bemalt
Höhe 215 cm, zweiteilig

Abb. 12
Bärbel Dieckmann
Kykloptaurus
2001, Stuck
Höhe ca. 125 cm

Abb. 13
Bärbel Dieckmann
Minotauria
1996, Stuck
Höhe 110
Breite 85 cm

II. Schwelgen

Dionysos
Pan
Silen
Narziss
Euphorion

Peter Hoppe
Bärbel Dieckmann
Walter Sachs
Hans Scheib

Dionysos. Der Klang des zu Boden fallenden Pinienzapfens schreckt auf, wie es Hartmut Bonk geschah. Denn sein Klang ist der der Reife und des Vergänglichen. Der kräftige Ton erinnert sinnlich unmittelbar zu leben und verheißt die Epiphanie des Dionysos.

Der Pinienzapfen, der den weinumrankten Thyrsosstab bekrönt, gehört dem Dionysos (Bacchus) und seinem Gefolge von Mainaden (Mänaden) und Satyrn (Faunen), in denen nach Vollmer die „berauschende Kraft der Natur" (S. 93) zu sehen ist. Zwar zogen diese vor allem wild und lärmend, trunken bis rasend, mit Zimbeln, Schellen, Pauken und Panflöten durch die Wälder, doch Dionysos war „der Gott der Verzückung und des Schreckens, der Wildheit und der seligsten Befreiung" (W. F. Otto 1989, S. 62), ein Gott, bei dem Getöse in Totenstille umschlagen kann.

Dionysos, der Zweimalgeborene, kam das erste Mal zur Welt als Semele, die Zeus in seiner eigentlichen Gestalt zu sehen wünschte, in seinem Blitzfeuer verbrannte, während der göttliche Fötus von Zeus in seine Hüfte oder einen Schenkel eingenäht und nach etwa drei Monaten erneut geboren wurde. Von den Nymphen großgezogen, übernahm Seilenos (Silen) seine Erziehung, an der selbst die Musen teilnahmen. Bekannt wurde Dionysos vor allem als Weingott, denn ihm danken die Völker die Gabe des Weinstockes, durch die er im Lob Homers „für die Menschen zur Wonne" wurde (Ilias 14, 325). Und Euripides lässt Seilenos den Wein als den Wecker des Lebens, den Fortschwemmer des Leides, den Tanzbeschwinger, der die Geschlechter zur Liebe und Lust ermuntert, preisen (F. G. Jünger, S. 65). Aus der Erde ist im Wein die Berauschung aufgestiegen, in der sich die Feuernatur des Weines und der Gott offenbare und die Wahrheit, wie man sprichwörtlich sagt. Den Tiefsinnigen führt er in die Melancholie, einem Ausgangspunkt des Schöpferischen. Der Wein ist ein Bezwinger der Stärksten in Kraft und Willen und geleitet zu den Wirkungsstufen von Wohlsein über Lust zur Liebe bis zu Gewalt und Wahnsinn, so dass der Wein ein Gleichnis dieses zwiespältigen Gottes genannt werden kann (W. F. Otto 1989, S. 132-138). Vom Trank berauscht, beginnt der sinnliche Taumel, ergreift der lustvolle Dionysos von Frauen Besitz. Mädchen und auch Ehefrauen reisst er ungestüm in eine heilige Vermählung hinein. Wer sich Dionysos erwehren will und ihn in Banden geschlagen glaubt, sieht ihn auf einmal ungefesselt vor sich. Die Kraft der sinnlichen Natur bricht sich Bahn.

Die dionysische Welt lebt in den Bildern des Berliner Malers und Zeichners Peter Hoppe in vollen Zügen. Ob in den Bildfolgen der letzten Jahre, wie *Maler und Modell, Paare, Danae* oder den Fauns- und Orpheusblättern der Jahre 1993/94, immer lebt das Dionysische auf. Ähnlich Picasso oder Rodin, bei dem Henri Bergson den „élan vital" in Zarathustra-Dionysos, im Geschlechtlichen personifiziert fand, verleiht Eros im Schaffen mancher Künstler der Kreativität Flügel, ebenso bei Peter Hoppe. Dies begründet in der bildenden Kunst durch die Jahrhunderte bis heute einen Topos, das dionysische oder faunische Schwelgen.

Bei Hoppe findet es einen besonderen Ausdruck in der Suite von 1996 *Dionysos – Bacchus,* den etwa 90 Pinselzeichnungen mit Tusche und Tempera auf einem in der Toskana aus Stroh hergestellten, unpigmentierten Papier, das wie ein mediterraner Korpus ausstrahlt. Abb. 14

Dionysos-Bacchus und Ariadne wie Faune und Nymphen treiben in den Zeichnungen von Peter Hoppe ihr Spiel. Die Figuren sind in leidenschaftlicher Sprache mit Überdehnungen und Verdrehungen zu formelhaften Bildzeichen für Sehnsucht nach Liebe, für Lockung und weibliche Skepsis gesteigert oder mit Bockbeinigkeit für „verschärften" Trieb. Es ist zu erleben, faunisches Schwelgen duldet keine „Umwege zur Lust" (W. Gottschalch, S. 263).

Hoppe spannt den Bogen von ruhiger Klarheit zu ungezügelter Bewegung, entwickelt die Durchdringung des Figurativen mit dem Nonfigurativen, einen Schwebezustand, mit dem die assoziative Phantasie des Betrachters eingeladen wird. Das Nonfigurative besitzt nicht selten die Qualität des Figuralen, worunter Francis Bacon eine gleichnishafte Figurbezogenheit verstanden hat. Hoppes exzellente Zeichenkunst ist bereits ein faunisches Schwelgen in der Form. Es fließen die Linien wie lebendige Wesen über das Blatt, die ihre Gestalt, der sie zugehören, suchen und finden. Die Pinselspuren bilden ein kräftiges Gerüst, verbreitern und verästeln sich, formen Flächen, ebben ab, begegnen und verweben sich, laufen in rhythmisierter Unterbrechung, verwischen und verschwimmen in mit dem Schwamm verriebenen Flächen von zartem Grau, von durchscheinend gehöhtem Weiß oder Rosa.

Immer wieder fahren Linien lustgeladen umher und „blicken" gleichsam mit heiterer Ironie auf die Wesen, die sie selbst umschreiben.
In den gleichsam mythopoetischen Bildern sind erzählerische Elemente ausgeschieden, die mythologischen Motive werden nicht direkt dargestellt, eher durch Form- und Farbgebung stimmungshaft assoziiert. Wenn die Bilder also durchaus „frei (sind) von absichtsvoller Interpretation antiker Götterwelt", wie Walther Petri feststellt, so sind ihre Zeichen dennoch nicht „unerbittlich alltagsgenau" und ebenso ist nicht „das dionysische Fest", wie er weiter meint, „verloren und fern". Denn das Mythopoetische siedelt weder im Alltag noch in historischer Ferne, sondern in der Welt der Gefühle, der Ahnung und der Kontemplation des lebendigen gegenwärtigen Künstlers.
Ein paar erratische Bruchstücke des Mythos gibt es dennoch, auf die der Künstler baut. Da ist der weinlaubumwundene Kopf des Gottes, der die Trinkschale hebt, sind die vor Nymphen sich erregenden Silene mit Phalli, die an die Koseworte der alten Griechen erinnern, wie „monobelos" (Einspießer), „embolos" (Rammsporn) oder „orthophallikos" (geradgliedrig), oder das Tanzmotiv als unabdingbares Lebenselement der Nymphen. Vor allem ist es die lagernde Ariadne, über die sich Dionyos beugt. Sie sind durch Inschriften benannt wie der Ort des Geschehens: Naxos. Damit werden Erinnerungsschichten wachgerufen, die nicht ignoriert werden können, wie ebenso nicht die Tatsache, dass wir eine Bildfolge vor uns haben. Demnach hat Dionysos mit seinem Gefolge aus Satyrn und Mänaden die Kyklopeninsel Naxos erreicht, ist also nicht auf Insel Dia bei Kreta gelandet, wie Kerényi und andere sagen. Hier trifft er auf Ariadne, die von Theseus verlassene Geliebte, die noch mit tief herabgesunkenem Haupt schläft oder soeben erwacht. Es ist der im Triumph Kommende, der sich mit der Ausstrahlung des Epiphaniengottes über sie beugt und mit der großen Gebärde seine Liebe erklärt. Offenbar gelingt es ihm, sie zu überzeugen. Mythenfassungen, nach denen Ariadne auf Dia von Artemis auf Wunsch des Dionysos getötet wurde, weil sie diesen untreu mit einem Fremden verlassen hat, oder andere sind hier bedeutungslos. Aber mit den Figuren verbinden sich Geschicke, die den Liebesszenen tragische Aspekte verleihen, welche sich auch in dramatischen Bildzeichen andeuten. Wie bekannt, hat Ariadne aus Liebe zu Theseus diesem geholfen, ihren Halbbruder Minotauros zu töten. Nach der gemeinsamen Flucht wurde sie von Theseus auf Naxos zurückgelassen. Am Ort der Verlassenheit feiert sie mit Dionysos das Fest der Liebe. Das ist so mythisch wie heutig. Und auch Dionysos besitzt eine Leidensgeschichte. Der oft trunkene und wahnsinnige Gott wurde als großer Jäger selbst gejagt und als Zagreus sogar zerrissen und verschlungen (W. F. Otto 1989, S. 174). Dies hält das Schicksal bei Peter Hoppe wohl für Orpheus, doch nicht für Dionysos bereit, er ist ihm eher das „Urbild des unzerstörbaren Lebens" (K. Kerényi 1994). Und Naxos erscheint als mythischer Ort für überwundenes Alleinsein und das Ausleben von Sinnlichkeit und Lebensgier, ein Ort, an dem nach J. J. Bachofen die dionysische Männlichkeit das Ewig-Weibliche unwiderstehlich mit sich reißt (W. F. Otto 1987, S. 197).
Silen, Erzieher des Dionysos (Bacchus) und einer der wenigen namhaften Satyre, wird als ihr ältester, als ein Chorführer geschildert. Wie die Satyroi, die Vollen, wird er gewöhnlich füllig dargestellt. Dagegen besitzt *Silen*, 1993, in der schönen Bronzefigur Bärbel Dieckmanns einen „idealtypischen Körperbau" (E.-M. Badura, S. 7). Abb. 15 Und während sich sonst die Mensch-Tier-Anteile recht klar auf obere und untere Hälfte verteilen, ist dieser Silen ganzgestaltig gemischt, der schöne Hinterkopf, die Tierschnauze, Fellzotteln an der Brust, das Dimensionen versprechende Glied, ein Huf, ein Fuß. Vom Scheitel bis zur Sohle wechseln menschliche und tierische Elemente, die in Optik und Haptik eine reiche Sinnlichkeit bieten, aber nicht abbildhaft, sondern sinnbildlich zu verstehen sind. Die klassische ästhetische Struktur wird so immer wieder aufgebrochen und bildet eine zwar in sich differenzierte, aber harmonisch geschlossene Gestalt. Im Gegensatz zum schlafenden Barberinischen Faun oder zu solchen Satyrn, die Nymphen geil nachjagen oder trunken taumeln, schreitet dieser hellwach. Aus der Zwiesprache mit Rodins weit ausschreitenden *Johannes der Täufer*, 1878, entwickelte Dieckmann eine aufrechte und fast schwebende Schrittstellung. Dieser Silen in goldfarbener Bronze feiert in der Einheit von Geistigem und Animalischem ein schwelgendes Ichgefühl.

Pan, vor dem wegen seines wilden Aussehens selbst die Mutter, Nymphe Dryope, erschrocken floh, erfreute dagegen seinen Vater Hermes und alle anderen Götter des Olymps, am meisten Dionysos. Denn er passte mit seinen Bockbeinen, dem gehörnten Kopf, dem zottigen Fell und dem Phallischen zu den Satyrn. Wie diese hütete er nicht Haus noch Herd, lebte ehelos, schweifte, jagte, zeugte rastlos mit Nymphen oder Ziegen. Da zeigt sich in Pan „der ewige Kreislauf der Natur, die sich selbst genügt" (F. G. Jünger, S. 53). Seine Geilheit konnte er wohl befriedigen, doch unglücklich war er, da ihm Glück in der Liebe verwehrt blieb. Die Nymphe Pitys floh vor ihm, und als er sie erreichte, verwandelte sie sich in eine Fichte. Ebenso die geliebte Nymphe Syrinx, die sich in Schilf verwandelte. Das gibt ihm wohl die Stimmung und Klänge ein zu seinem Flötenspiel, in dem der *Kleine Pan*, 1998, in der Skulptur von Walter Sachs wehmütig schwelgt. Abb. 16 In sich gebeugt, spielt er demutsvoll auf einer Panflöte. Sie heisst auch Syrinx, weil Pan sie aus dem Rohr gebaut hat, in das sich die schöne, vor seinen Nachstellungen Fliehende verwandelt hat. Bei Pans Spiel lässt Sachs dessen Gestalt in die Flötenform übergehen. Seine großen Hände umfassen die verbundenen Röhren der Syrinx, als bliese er auf seinen Fingern. Unbeholfen, doch bergend sind die Hände, grob das breitnasige Gesicht, doch innig. Und die wenig ausgearbeitete Figur geht in das grob behauene Naturstück über, auf dem Pan sitzt. Daraus erwächst eine Geschlossenheit und Einheit von Figur, Instrument und Natur, die noch durch den Naturstein Travertin und dessen Poren sowie die weißlich und braun gefärbten Stellen gesteigert und charakterisiert wird. Dabei verbindet der Tiburtinische Stein Ehringsdorf mit Rom und siedelt den mediterranen Pan in Thüringen an. Ob sein Fötenspiel harmonisch wohlklingt oder vielleicht mit dissonanten und quäkenden Lauten gespickt ist, es wird vollständig mit dem Charakter dieses Pan übereinstimmen und geht zu Herzen. Denn Pans Liebe zur schönen Nymphe und seine Klage um die Verlorene, die er mit den Rohrpfeifen am Munde hält, doch ebenso der Schmerz der Syrinx fließen in den Flötenklang.

Narziss schwelgt, ähnlich Pan, im Vergeblichen. Doch während jener aus Liebe zu einem anderen Menschen seine Flötenweise ersinnt, vergeht dieser in Sehnsucht nach sich selber. Das wäre doch vielleicht ein Urbild des modernen Menschen, der in sich selbst verliebte Narziss.

Vom globalen Zeitalter des Narzissmus kann freilich nicht gesprochen werden. Das Wohlleben in der „Ersten Welt" ist nicht, wie es manchmal geschieht, auf Narzissmus zurückzuführen. Das wäre doch ein zu bequemes Erklärungsmuster für das schamlose Ausbeuten der „Dritten Welt". Da ist der Begriff Egoismus viel genauer. Zumal Narzissmus heute in der Spaß- und Eventgesellschaft sogar gesellschaftsfähig ist. Hier deuten Individualismus und Selbstsucht durchaus auf das Leitbild des Narziss, den „größten Gott der Generation Golf", wie Florian Illies ein Buch betitelt hat. An den Leitbildern in der multimedialen Werbung ist deutlich die Modellierung des narzisstischen Persönlichkeitstypes zu erkennen. Ebenso wird mit der Forderung nach Individualismus, um sich Zukunftschancen zu sichern und in der Leistungsgesellschaft nicht unterzugehen, ein Narziss erzogen. „Im Tanz ums goldene Selbst (ist) der narzistisch-exhibitionistische zum dominanten Persönlichkeitstyp geworden", doch Liebe fordert nach Erich Fromm Demut, Objektivität und Vernunft (M. Schneider).

Das ist der Hintergrund von Bildern Peter Hoppes, die als dessen kulturell-symbolische Form gelesen werden können. Der Künstler führt wieder unterschiedliche Aspekte der Geschlechterbeziehungen voll Erotik, mit ihren Eitelkeiten, Sehnsüchten, Leidenschaften und ihren Spannungen vor Augen. Die Ausdrucksskala der Gebärdensprache im Gemälde *Echo und Narziss*, 1999, erwächst der tief erspürten inneren Befindlichkeit. Abb. 17 Die hingebungsvolle weibliche Gestalt lebt aus der Spannung ihrer rot –bläulichen Farbtöne und dem Richtungswechsel vom liegenden Leib zu herabhängendem Kopf und Arm einerseits und zu den erhobenen Beinen andererseits.

Die männliche Gestalt dagegen ist in rosadurchschimmerten Grautönen und einer vornüber gebeugte Haltung verschlossen. Der Bildrhythmus führt vom Doppelwinkel ihres Körpers, der von Sehnsucht und Begehren spricht, zum Rund seiner In-sich-Gekehrtheit. Die Komposition verbindet sich mit einem formelhaften Gestus, der durch Unmittelbarkeit berührt. Er, Narziss, erblickt im grün überfließenden Blau einer Quelle sein weißgeschöntes Spiegelbild. Sie, Echo, beachtet er nicht. Wie in der mythischen Erzählung, doch heftig gesteigert bei Hoppe, ist die Bereitschaft zum erotischen Schwelgen bei der Nymphe Echo erkennbar. Die Missachtung des Narziss bereitet ihr Leid. Ihr Name deutet darauf , sie habe sich so sehr nach ihm verzehrt, dass nur noch ihre Stimme übrig blieb. Narziss hingegen schindet sich, indem er selbstverliebt in seinem Spiegelbilde schwelgt. Denn glücklich wäre er nur, gelänge es ihm, die eigenen Lippen zu küssen. Und so verzehrt er sich nach sich, bis er in eine Narzisse verwandelt sein wird. Wie ähnlich werden sich Leiden unter unerfüllter Liebe und Schwelgen in Selbstliebe.

Euphorion kam auf der Insel der Glückseligen zur Welt. Dorthin gelangten, einer antiken Dichtung späterer Zeit zufolge, die Heroen nach ihrem irdischen Leben, so auch Euphorions Eltern, die griechischen „Megastars" Helena und Achilles. Ihr geflügelter Sohn stieg zum Himmel empor und schwelgte in der Lust des Fliegens. Aber aus Euphorion, dem Himmelsstürmer, wurde Euphorion, der vom Blitz Zerschmetterte, denn der schöne Jüngling hatte die Liebe des Zeus verschmäht.

Euphorisch breitet der Knabe, eine Bronzestatuette von Hans Scheib, seine Arme aus. Sein schmächtiger Körper ist von zart modulierter Schönlinigkeit. *Euphorion*, 2000, steht beidbeinig auf der Fläche eines Kubus, der einem Startblock gleicht. Abb. 18 Er hat sich auf die Zehen geschwungen und holt mit den Armen Schwung, etwas überdreht, aber in Balance. Aus dem runden Gesicht, das von lustigen großen Ohren gesäumt ist, blicken weit aufgerissene Augen. Der Mund scheint wie zu einem Ruf geöffnet. Begeistert und schauervoll zugleich, als glaubte er, die Schwerkraft überwinden und auffliegen zu können, wie jener mythische Euphorion. Vielleicht will er auch nur kopfüber vom Beckenrand ins Wasser springen.

Figuren von langgliedriger Gestalt, die eine nachahmungslose Bewunderung für Giacometti erkennen lassen und die mit ausgebreiteten Armen aus der Balance neue Bewegung suchen, gehören zu einem Grundthema im Werk Scheibs, so *Fliegen*, 1988, *Balance*, 1989, oder *Fortuna*, 1993, die auf unsicherem Rund ein Seilspringen veranstaltet. Ihnen gemeinsam ist die „erwachende Körperlichkeit" (J. Kuhn, S. 9), das Ausprobieren eigener Möglichkeiten. Dabei erfüllt sie nicht selten ein gesteigertes Hochgefühl, das Kleinlichkeiten abweisen lässt, aber auch zu Unachtsamkeit verleiten kann. Man glaubt sich groß genug, Mächtigen widerstehen zu können.

Auf den Namen Euphorion kam Scheib freilich vor allem mit Blick auf die Gestalt aus Goethes *Faust*, 2. Teil, 3. Akt. Dort hüpft der Sohn von Faust und Helene im Takt und fasst früh Begierde aus der Enge „Zu allen Lüften / Hinaufzudringen". Euphorion will ein Kriegsheld sein und fliegt los: „Ich muß! ich muß! / Gönnt mir den Flug! / (Chor:) Ikarus! Ikarus! / Jammer genug!" Goethes Euphorion als Kind der „antiken" Helene und des „mittelalterlichen" Faust ist eine Symbolgestalt für die Vereinigung von Romantik und Klassik, von nationalem Altertum und griechischer Antike. Hans Scheib erwähnte, dass Goethe darin den deutschen Nationalismus um 1813 abgearbeitet habe. Vielleicht gibt das den Hinweis auf eine Bedeutungsschicht seines *Euphorion*, wo gegenwärtig mancher die internationale Rolle des vereinigten Deutschlands neu definieren möchte.

Es spricht für die Wahrhaftigkeit des griechischen Mythos und die Lebenstotalität seiner Gestalten, wie Gaia, Prometheus, Dionysos oder Euphorion, dass sie nur in Widersprüchen denkbar sind. Sie werden einerseits den Verzückungen der Liebe, des Fliegens oder anderer Erlebnisse teilhaftig, doch sind andererseits mit Scheitern, Leiden und Sterben verbunden. Sie wurden auf unterschiedliche Weise hervorgebracht und verändern oft ihre Erscheinungsform. Ihr Leben ist Schwelgen, Schindung, Verwandlung, nicht allein das eine oder andere, wenn auch in der Bildtradition und von den Künstlern heute – wie hier – der eine oder andere Aspekt ihrer Biographie betont wird.

Abb. 14 Peter Hoppe, Naxos – Dionysos und Ariadne, 1996, Pinselzeichnung, Tusche/Tempera auf carta greggia toscana, 43,5 x 60,5 cm

Abb. 15 Bärbel Dieckmann, Silen, 1993, Bronze, Höhe 173 cm
Abb. 16 Walter Sachs, Kleiner Pan, 1998, Travertin, 43,5 x 32 x 16,5 cm

Abb. 17 Peter Hoppe, Echo und Narziss, 1999, Öl/Tempera auf Leinwand, 140 x 170 cm

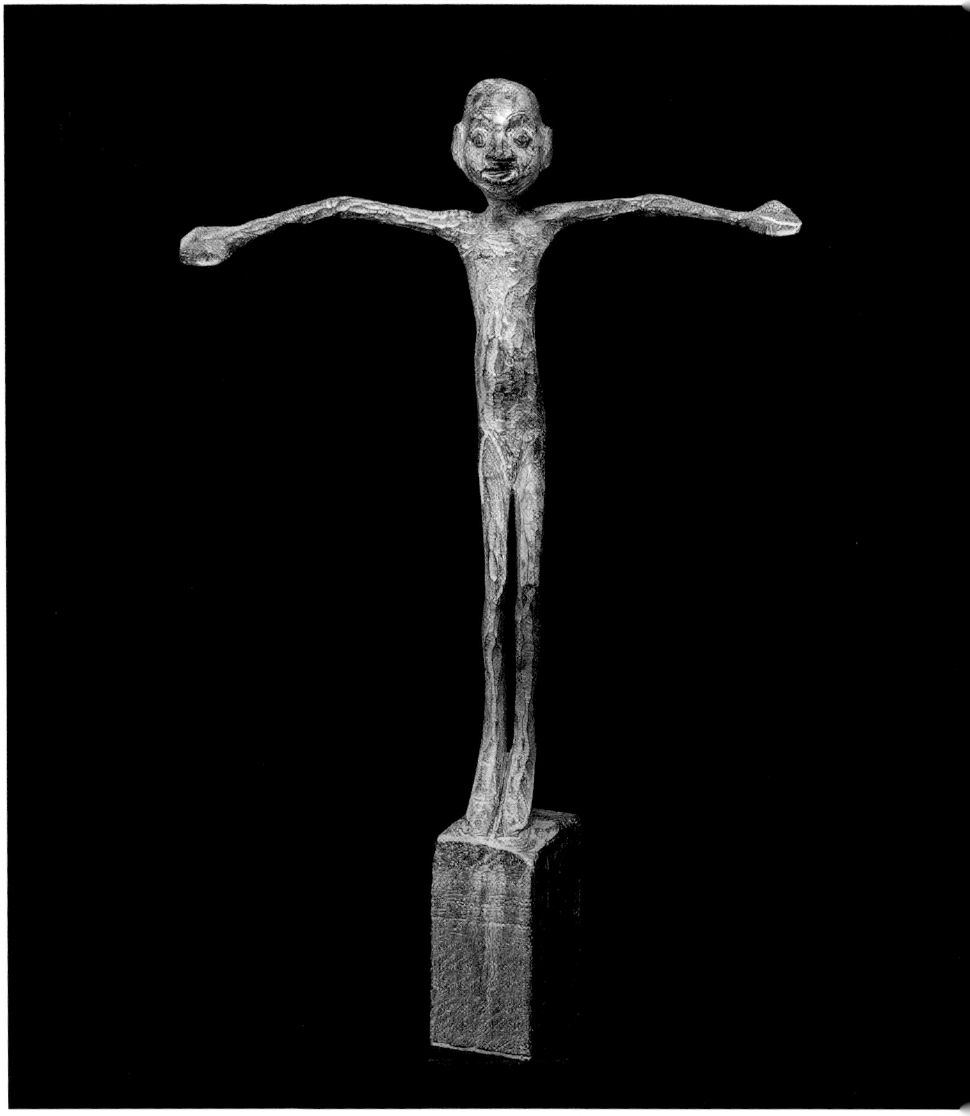

Abb. 18 Hans Scheib, Euphorion , 2000, Bronze, Ölfarbe, 50 x 33 x 23 cm

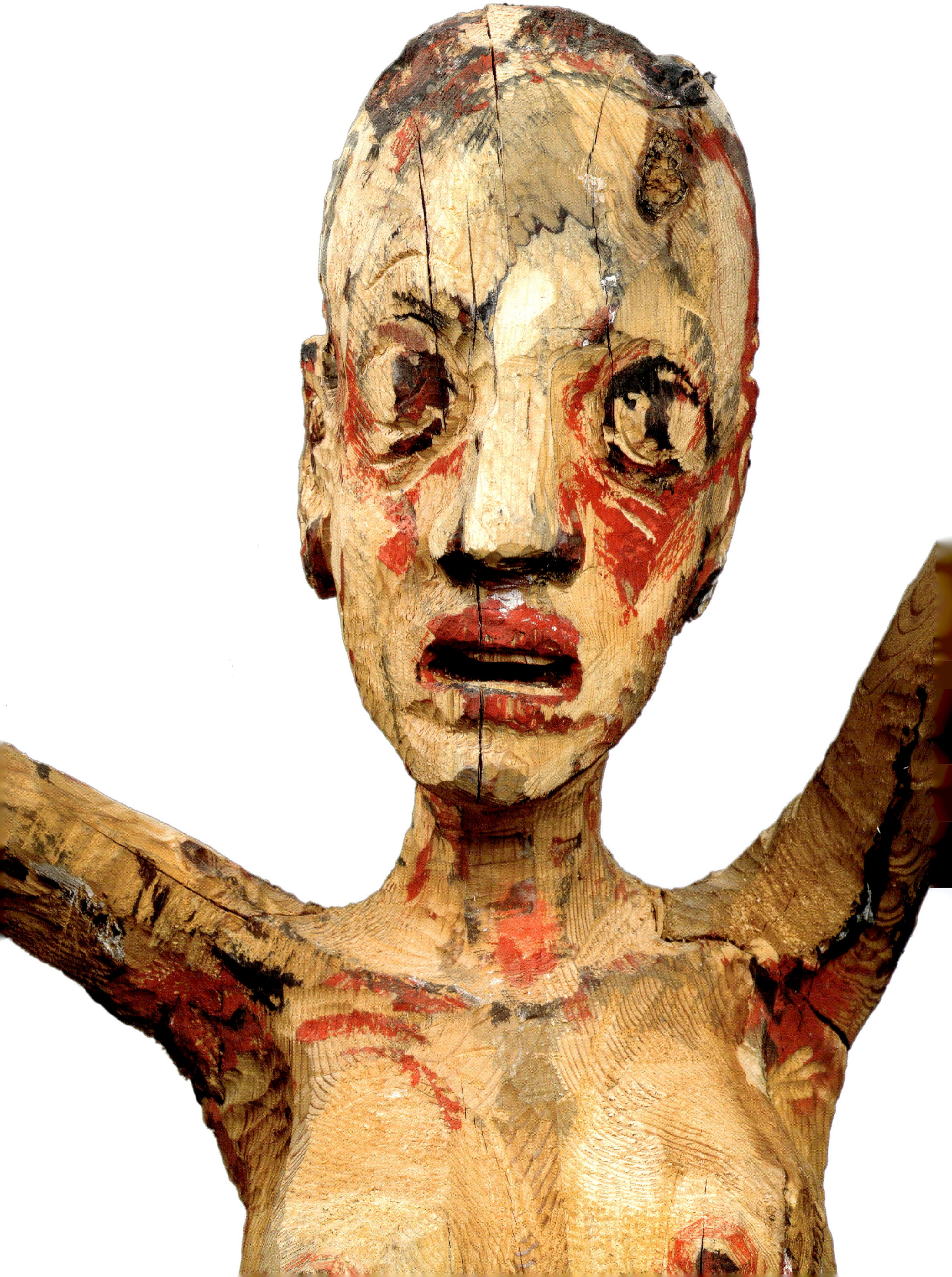

III. Schindung

Orpheus
Phaeton
Prometheus
Herakles
Sisyphos
Kassandra
Marsyas

Peter Hoppe
Hans Scheib
Ronald Paris
Hartmut Bonk
Wilfried Fitzenreiter
Bernd Göbel
Rolf Kuhrt
Walter Sachs
Wieland Förster

Die realen Kämpfe ihres Lebens projizierten die alten Griechen auf die Götterwelt, in der sich folglich die zerstrittenen Fraktionen der Götterfamilie Auseinandersetzungen liefern. Der oft von Neid, Konkurrenz und Herrschsucht bestimmte Umgang der Götter miteinander gibt den Künstlern gute Gelegenheit, heutige Verhältnisse in die Göttergeschichten zu spiegeln und beispielsweise dem Gott der Künste vom Gott des Handels – wie auf einer Medaille W. Fitzenreiters – einen Arschtritt verpassen zu lassen als Allegorie der Beziehung des Kommerzes zur Kunst.

Entsprechend der Geneigtheit der Götter oder ihrer Missgunst leben die Menschen glücklich oder unter Pein, irren lange durch die Welt, wie Odysseus, erleben Schiffbrüche (Bronzeplastik von Bärbel Dieckmann) oder finden bei ihrer Heimkehr das Heim besetzt (Ithaka-Folge von Peter Hoppe). Das göttliche Eingreifen ins Leben auf der Erde ist oft mit brutaler Durchsetzung eigener Interessen und im Fall der Erfolglosigkeit mit Bestrafung verbunden. Wer wollte die Ähnlichkeit zu geschichtlichen und gegenwärtigen imperialen, gottgleich agierenden Mächten übersehen, die machen können, was sie wollen? Bestraft wird, wer sich mit Göttern anlegt, wer sie überlisten will, gegen etwas verstößt, etwas nicht mitmacht, wer ihnen in die Quere kommt oder einfach über den Weg läuft ...

Orpheus erfüllt mit seiner Sensibilität das, was Walter Benjamin „das wahre Sujet der Poesie" nennt und dazu sagt: „Wenn sie (die Sensibilität) ihre höchste Konkretion, ihre gehaltvollste Bestimmung in der Erotik erfährt, so findet sie ihre absolute Vollendung, die mit ihrer Verklärung zusammenfällt, in der Passion" (1980, S. 666).

Der in den Rhodopen geborene Orpheus bekam von seinen Eltern, der Muse Kalliópe und, bei Ovid (*Metamorphosen*, 11. Buch, 8), Apollons musische Gaben in die Wiege gelegt. Wie die apollinische Musik besaß die Musik von Orpheus eine tiefe emotionale und, nach Platons Überzeugung, eine ethische Wirkung. Mit seinem Gesang und Saitenspiel vermochte er, sogar Tiere und Pflanzen zu bezaubern und vor allem Menschen und Götter, in deren Liebe und Anerkennung er schwelgte.

Das Wesenhafte des orpheischen Sinnbildes ist die berührende, verändernde Wirkung von Kunst und das untrennbare Einssein von Kunst und Künstler. Solch Orphismus bestimmt die rauschhaften Formen und verfließenden Farben und deren blaue, grüne, graue Klänge von tiefer Emotionalität eines Gemäldes, wie *Orpheus verletzt*, 1993, von Peter Hoppe. Abb. 19

Dieser Orpheus hat seine Frau Eurydike bereits zweimal an den Tod verloren. Als er von Hades die Erlaubnis erhielt, sie aus dem Schattenreich zurück zu bekommen, verstieß er gegen die Weisung, „daß er zurück nicht wende den Blick" (Ovid, S. 260).

Sein Zurückblicken ist ein Sicherinnern, das zur Trauerarbeit gehört, wie sie Sigmund Freud in seinem Werk *Trauer und Melancholie* (1915) beschrieben hat. Um für neue Ziele und Bindungen frei zu werden, muss der Trauernde „den Tod töten", mit der Erinnerungsarbeit das geliebte innere Objekt gleichsam noch einmal töten (J. Laplanche, S. 512 f.). In dieser schmerzlichen Operation wandelt sich die Identität. Orpheus muss die Realität anerkennen, die undurchdringliche Grenzlinie zwischen Lebenden und Toten akzeptieren. Sein seelischer Schmerz kann „Motor des Trauerprozesses" sein und zu einem Schöpfertum von höchster Wirkung geleiten (E. Haas, S. 512 f.).

Orpheus sang über die Mysterien und beging damit einen Tabu-Bruch. Er liebte nicht mehr die Frauen, wandte sich von Dionysos ab und geriet unter die Mänaden, die ihn verletzten und töteten. Das Gemälde Peter Hoppes von 1993 zeigt ihn traumatisiert, und die Kaltnadel-Aquatintaradierungen den glückseligen, todtraurigen Moment, als Orpheus, sich umwendend, Eurydike erblickt und verliert, und die spätere Szene, wie er von den Mänaden erschlagen wird. Orpheus ist ein Sinnbild für Verletzungen, die ein Künstler in allen Zeiten davontragen kann, wenn er Eigenart besitzt, zudem in Zeiten der Beliebigkeit, der Vermarktung, der kurzzeitigen Events.

Die Mythen führen oft und zunächst zu schwelgerischem Triumph, doch weit genug erzählt, gelangen sie zur Schindung. Bellerophon zum Exempel triumphierte über die Chimaira, doch er wurde zu kühn und wollte mit Pegasos in den Himmel fliegen, da warf dieser ihn ab, er stürzte auf die Erde und wurde gelähmt. Ähnliches lässt sich von Ikaros erzählen und von Phaeton.

Phaeton gleicht einem Euphorion. Aber jener ist es nicht, der mit den Armen Schwung zum Abheben holt. Dieser *Phaeton*, 1999, aus der Skulpturengruppe von Hans Scheib, ein kleines Menschlein als Wagenlenker einer Quadriga, geriet aus dem spielerischen Traum in eine überaus komplexe Situation. Abb. 20 Seine rotgefärbten Haare sind vor Entsetzen aufgerichtet, seine Füße suchen Halt auf dem Bock eines zweirädrigen Wagens. Phaeton werden die Kniee weich, vielleicht will er auch mit einer leichten Hocke wie mit den seitwärts gestreckten Armen, die ängstlich verdreht sind, die Balance bewahren. Vergebens, denn der Sturz des Wagen, der sich wie schwebend in der Luft befindet, scheint zwingend, die Schieflage der Achse und das Abschüssige der Bahn sind schon erheblich. Doch vor allem gerät der, der die vorgespannten Pferde lenken sollte, in eine aussichtslose Lage, weil er die Lenkung verloren hat und nun von ihnen, die außer Rand und Band sind, völlig abhängig ist. Die Pferde lenkt nun kein Willen mehr, der willkürliche Schrecken treibt jedes von ihnen, entsetzten Blickes und von rasender Angst gepeitscht, in vereinzelte Aktion. Das eine stürzt abwärts, das andere bäumt sich steil auf, das rechte kippt nach der linken Seite, das linke hat sich überschlagen und streckt hilflos die Beine nach oben. Es liegt nahe, den Winzling Phaeton als den Verursacher der Katastrophe zu ermitteln. Er war dem unbesonnenen Verlangen, das Viergespann zu lenken, nicht gewachsen. Er vermochte nicht, die Folgen zu bedenken. Was er beherrschen wollte, beherrschte ihn.

Der mythologische Hintergrund der Phaeton-Geschichte beginnt mit dem Tagesanfang. Die Finsternis entflieht. Hinter dem Horizont entgleitet sacht die matte Morgenhelle ihrem Himmelbett. Im Osten schwebt sie mit Silberglanz herauf. Ihre Stirn umschimmert das Geschmeide der Sterne, Tau ausgießend folgt ihr die Morgenröte, Eos (Aurora). Sie behaucht mit Rosenglut den Himmel. Und endlich taucht der Sonnenwagen aus dem Meer. Sein Lenker Helios (später Apollon), der Bruder von Eos, hält straff die Zügel der vier Feuerrosse, dass sich die Räder in immer gleichem Schwung und auf der ewig gleichen Bahn drehen. Phaeton schaute bewundernd zum Himmel auf. Seine Mutter Klymene hatte ihm offenbart, dass der Sonnengott sein Vater sei. Nichts wünschte er sich sehnlicher, als ein einziges Mal wie dieser den Sonnenwagen lenken zu dürfen. Phaeton, dessen Name „der Glänzende" bedeutet, wanderte zu dem funkelnden Palast des Sonnengottes und erbat sich von Helios als ein Zeichen, dass er sein Vater sei, für einen Tag den Sonnenwagen lenken zu dürfen. Da dieser den bindenden Eid geleistet hatte, unterwies er also seufzend seinen Sohn im Wagenlenken und bestrich ihn gegen die große Hitze mit einer Salbe.

Als die Zeit des Sonnenaufganges heran war, sprang Phaeton auf den Wagen hinter die flammenschnaubenden Rosse. Steil flog der Wagen die Bahn hinauf und durchdrang die Morgennebel. Phaeton sah begeistert die riesige Welt unter sich, welcher er die Sonne brachte. Bald jedoch mischte sich in das stolze Gefühl ein Unbehagen. Zu weit und ohne erkennbaren Weg streckte sich der Raum, schwer ließ sich der Wagen lenken. Die Rosse spürten an den lockeren Zügeln die unsichere Hand und jagten übermütig dahin, dass der Wagen Sprünge tat. Erschrocken ließ Phaeton die Zügel fahren. Ohne Lenkung verließ der Sonnenwagen die ewige Bahn, stieg empor, dass auf der Erde Eiseskälte herrschte, und streifte die Erde, dass das Wasser verdampfte und die Bäume verbrannten. Als so die Erde in Gefahr geriet, schmetterte Zeus (Jupiter) mit dem Blitz Phaeton vom Sonnenwagen. Auch in diesem Mythos heißt die Konsequenz Bestrafung.

Die Geschichte vom sonnenwagenlenkenden Menschen fand seit der Antike vielfache Auslegung. Schon 300 v. Chr. dachte man im Sinne Euhemeros, der im mythologischen Geschehen historisches vermutete, dass mit dem Sturz des Phaeton eine Verwüstung gemeint sein könnte, die ein großer Komet verursacht haben soll. Als 1944 beim Ausbruch des Vesuvs starke Lichterscheinungen beobachtet wurden, entstand die Vermutung, dass die Sage mit dem Ausbruch des Vulkans Santorin um das Jahr 1410 v. Chr. entstanden sein könnte. Zuweilen wird das Schicksal Phaetons als die sommerliche oder auch mittägliche Hitze gedeutet. Lange Zeit wurde er als sündiger Mensch dargestellt, der es wagte, himmlischen Geheimnissen auf die Spur kommen zu wollen, und folglich dafür bestraft wurde. Deshalb dichtete man im 17. Jahrhundert:„Niemals ist Hoffart (Hochmut) ohne Schand geblieben / Hat zu dem Fall den Phaeton getrieben / Mußte im Po mit unerhörtem Schaden zu Tode baden."

Abb. 19 Peter Hoppe, Orpheus verletzt, 1993, Öl/Tempera auf Leinwand, 120 x 100 cm
Abb. 20 Hans Scheib, Phaeton, fünfteilig, 1999, Bronze/Farbe/Edelstahl, 270 x 400 x 800 cm (nächste Seite)

Seltener war die Bewunderung für die Kühnheit Phaetons, den Göttern gleich sein zu wollen. Vielmehr sahen fürstliche Auftraggeber, die sich selbst Zeus gleich dünkten, in Phaeton einen anmaßenden Emporkömmling, den man abschmettern musste. So malte um 1600 der Hofmaler Kaiser Rudolph II. in Prag, Joseph Heintz d. Ä. seinen *Sturz des Phaeton.* Dessen umherwirbelnden Pferde dürften für Scheib von Interesse gewesen sein.
Ein brandiges Wolkenmeer umgibt in der Katalogabbildung die *Phaeton-Gruppe* und suggeriert deren Himmelsweg und die mythische Weltbrand-Dimension. Die reale Aufstellung der Gruppe mitten auf dem Schlosshof kommt diesem nahe. Denn Schloss Friedenstein umfasst mit seiner Hufeisenform die vier Himmelsrichtungen und ist von Funktion und Gestalt zentralisiert, ein kleines Universum. Gleichsam von Süden kommend, „prallt" der Sonnenwagen Scheibs eindrucksvoll auf dessen Zentralachse.
Hans Scheib nimmt den Mythos Ernst und findet für ihn eine ungewöhnliche Form. Erinnert der Wagen in seiner archaischen Einfachheit an antike Vorbilder, so ist das beidfüßige Stehen Phaetons eine travestierte Form vom Wagenlenker aus Delphi.
Doch vor allem rivalisiert die monumentale Gestaltung des Ensembles mit dem großartigen Gegenstück in Versailles. Dort befindet sich am Ende der Allée Royale das Bassin d´Apollon die Skulpturengruppe Apollos mit seinem Sonnenwagen, 1670, von J.-B. Tuby.
Entsprechend der Symbolik des königlichen Sonnenkultes Ludwig XIV. steigt das vom Vater des Phaeton straff gelenkte Viergespann mit kraftvoller Dynamik und geordnet aus dem Wasser. Dieser harmonischen Ordnung setzt Scheib eine aus den Fugen geratene entgegen und dem Sinnbild der Beherrschung das des Versagens.
Die Figuren Scheibs sind, bevor sie in Bronze gegossen und mit Ölfarbe übermalt wurden, zuerst in sprödem Kiefernholz entstanden. Die zuvor farbig bezeichnete Figur haut er mit dem Stechbeitel und Schnitzeisen, schneidet er mit der Kettensäge aus den Deckenbalken Berliner Abrisshäuser und verbindet ihre ausfahrenden Teile. Der Illusionismus und die Intensität der Stimmung eines Bernt Notke aus der 2. Hälfte des 15. Jahrhunderts waren ihm ebenso Bestätigung wie die expressiv ausgreifenden Gebärden und die Mimik markanter Gesichter eines Claus Berg, vom Anfang des 16. Jahrhunderts, freilich ebenso die farbigen Holzskulpturen des Brücke-Expressionismus. Doch seine Gestalten besitzen „eine bisher unbekannte Beweglichkeit und Raumoffenheit", die jeglicher „klassischer Ponderation" spottet (Gutachten, in: W. Zemter, S. 82).
Innovativ ist ein Begriff, der heutigentags den Ausdifferenzierungen der Kunst jenseits des Bereiches der Figur vorbehalten scheint. Doch die Arbeiten von *Mythos und Figur* zeigen insgesamt und in besonderer Weise die Scheibs, dass in diesem jahrtausendealten Medium der menschlichen und kreatürlichen Figur, Neuartiges geleistet werden kann. Dies beschränkt sich nicht auf ungewöhnliche Formfindungen, denn Scheib scheut nicht die Inhalte, nicht den Ruf der Kassandra: „Scheitern ist die Wahrheit" (J. Merkert in: W. Zemter, S. 102).
Es kommen einem bei dem stürzenden Wagen vielleicht zuerst die vielen jungen Phaetons in den Sinn, die tagtäglich mit einem Fahrzeug im Graben enden. Doch zu einschichtig wäre ein solch profanierender Alltagsbezug. Die politische Ebene, die globalen Bedeutungen sind, dem Mythos entsprechend, relevanter. Die „Lenker" der Ereignisse auf dem Balkan oder in Afrika kann man vor Augen haben oder die mächtigen Organisationen und Staatsmänner, die auf Klimagipfel mit Krämerseelengeist den Profit ihrer Industrien vor Gefahr schützen anstatt die Ozonschicht, die tropischen Wälder, das Eis der Antarktis, die Erde! Diese wird es sein, die den Menschen für seine Vermessenheit und sein Unvermögen straft. Jörn Merkert sagte: „Da lenkte einer den Wagen und hat die Kontrolle über ihn verloren – Naturgewalten sind stärker (...) Da hat einer Macht, hat sie sich wie ein Zauberlehrling angemaßt und vermag, die herausgeforderten Kräfte nicht zu zähmen; unfähig ist der Mensch zu lenken (...)" (Ebd.). Wird die Erde den Homo sapiens wie eine Krankheit loswerden?
Mit dem Ausdruck großen Leids berührt die Skulptur *Io* von Hans Scheib. Abb. 21 (S. 78, Detail der Abb. 2, Einleitung) Ihre Augen rollen, mit angstvollem Blick kommt sie gerannt, stürzt sie fort, gejagt, vertrieben. Seit die Skulptur 1988 entstand, hat Io, die Heimatlose, viel Schicksalsverwandtes in sich aufgenommen. Auf ihrer Flucht, so berichtet das antike

Drama „Der gefesselte Prometheus", das irrtümlich Aischylos zugeschrieben wurde (V. Riedel 1997, S. 268), stieß Io auf Prometheus in „menschenöd´ Geklüft".

Prometheus, der Menschenfreund, hatte die Rache der Götter zu erleiden. Wegen des Tabubruchs, den Menschen das kulturgründende Feuer vom göttlichen Herd zu bringen, traf ihn die Strafe des Zeus´. Mit einem Keil durch die Brust wird Prometheus an den Felsen des Kaukasus genagelt, und täglich peinigt ihn der Adler, der ihm die Leber aushackt. Sein leidvolles Schicksal thematisiert Fitzenreiter in seiner 1992 sukzessive entstandenen Prometheus-Serie.

Prometheus, der Empörer wider die Götter, hängt in Fesseln am eisigen Felsen, wie tödlich verwundet. So zeigt es das Bild von Ronald Paris, eine farbkräftige Gouache-Malerei von 2001, in der die Figur als ein bestimmt gestalteter haptischer Wert erscheint. Abb. 22

Ronald Paris steht in einer Traditionslinie der Berliner Kunst, die eng mit dem Theater verbunden ist und sich in dialogischen Strukturen der Bilder, im Gegenüber von Mimen und Publikum bis zum direkten Aufgreifen szenischer Momente ausdrückt. Auch in seinem Prometheus-Bild von 2001 ruft er einen Protagonisten auf den Plan, erneut aus einem Stück Heiner Müllers, mit dem er befreundet war. Der Dramatiker lässt in seinem Stück *Zement*, 1973, nach Fjodor Gladkows gleichnamigen Roman, „die Arbeiterklasse als prometheischen Selbstbefreier und Selbstgestalter" (Dahnke, S. 52) erscheinen. Sie begegnet in Gestalt des Revolutionärs Tschumalow dem Ingenieur Kleist, welcher als bürgerlicher Intellektueller der vormaligen prometheischen gesellschaftlichen Schicht angehörte. Er wendet sich gegen die Absicht der neuen proletarischen Macht, die Arbeit zu befreien, indem er fragt: „Wozu neu anfangen den alten Kreis ... /weiter geht die Tretmühle der Geschichte... /Wir stehn an unsern Kaukasus geschmiedet/Jeder..."; und er fordert: „Lassen Sie mich in meinen Ketten sterben" (zit. Dahnke, S. 52 f.).

Prometheus führte als Sinnbild der sozialen Befreiung schon in Percy B. Shelleys *Der entfesselte Prometheus*, 1819, zu einer Gesellschaft, „zepterlos, frei (...) gleich, ohne Klassen, stammlos und nationlos" (zit. bei Volker Riedel 1997, S.369). Als Symbol der befreiten, schöpferischen Arbeiterklasse war Prometheus in der DDR ein im Bewusstsein verinnerlichter affirmativer politischer Mythos. Dessen Funktion war die Legitimation der Ziele des Realsozialismus wie der Integration der Arbeiterschaft. Die spürbare Gefährdung des Zieles bewirkte nicht demokratische Öffnung, sondern deren Abwehr.

Nach dem historischen Zusammenbruch des Sozialismus in Europa geriet Prometheus, wie wir ihn im Gemälde von Ronald Paris sehen, erneut an die Bergwand. Paris dreht die Geschichte weiter und sieht, wie sich der nächste Kreis gerundet hat, ohne die Welt zu ändern, doch um eine Enttäuschung reicher zu machen. Und nun hängt der einstige Revolutionär in den Ketten und fragt wieder: „Wozu neu anfangen den alten Kreis..." Wird man ihn in seinen Ketten sterben lassen?

Nach dem Mythos folgt der Bestrafung des Prometheus seine Befreiung. Am Felsen sagte er bereits der Io voraus, dass einer ihrer Urenkel, „ein kühner Held", ihn „selbst aus dieser Qual wird retten" (Aischylos, S. 284). Dieser „Held des Bogens" ist Herakles.

Vom Schenkel des Prometheus wird von ihm der hackende Adler abgeschossen. Dies zeigt eine antike kleinplastischen Gruppe aus Pergamon, zwischen 120 und 80 v. Chr., die auf einem Medaillenbild von Fitzenreiter mythisch korrekt ergänzt und in Handlung versetzt wird. Der Adler erinnert an das deutsche Wappentier, da darf bei einem Künstler, der 1991 die Einheit als ein radikales „Passend machen" auf dem Prokrustesbett zeigt, ein politischer Hintersinn vermutet werden.

Herakles, der weitberühmte Heroe, von Zeus mit Alkmene,einer sterblichen Mutter gezeugt, ist der Inbegriff eines Menschen mit riesenhaften Kräften und großen Mutes, die er zur Erfüllung immenser Aufgaben auch benötigte. Bekannt sind vor allem die zwölf Arbeiten für den Herrscher von Mykenai, Eurystheus, wie die Tötung des mörderischen Löwen von Nemea, dessen Fell neben der Keule sein Attribut wurde. Bewundert wird er wegen seiner intelligenten Ausmistung der Kuhstallungen des Augeias mittels Hindurchleitung zweier Flüsse. Er vermochte wie Atlas, das Himmelsgewölbe zu tragen. Deshalb könnte sich Hartmut Bonks *Der gestützte Atlas*, 1992, ebenso auf ihn beziehen. Zur Ironisierung dieses selbst für Titanen absurden Vermögens kombinierte Bonk den Atlas mit einem Betonträger,

der organische Teile nachbildet, zu einem zugespitzten Symbol für den Menschen, der die meisten Leistungen nur noch als Prothesenwesen, als Maschinenfigur vollbringen kann. W. Baraniewski wies darauf hin, dass die „Stützen, Postamente, Sockel – ein in Museen so oft vorkommendes Ergänzungselement von antiken Skulpturen – hier zu einem morphologischen Motiv geworden (sind)" (S. 73).
Herakles besiegte Antaios, den Sohn der Gaia. Und wie er Kyknos, den Sohn des Ares, auf den Rücken legt, ist das Mythem in Bonks Gruppe *Bomarzo,* 1993. In dem italienischem Ort finden sich im Parco dei Mostri ähnliche kämpfende gigantische Wesen, die in Bonks Variationen unmythologische Namen erhalten haben, wie in *Rot & Schwarz*, wobei Rot besiegt am Boden liegt. Wem könnte da der Name Herakles zugeordnet werden?

Der müde Herakles, 1992, von Hartmut Bonk sitzt tief und erschöpft. Abb. 23 Seine Beine klaffen auseinander im Winkelmaß des Sich-gehen-lassens, so breit, dass das Gemächte frei liegt, geöffnet bis zu dem Punkt, der den zerschlagenen Körper am wenigsten spüren lässt. Schwer stützt Herakles die Arme auf die Schenkel. Sein Kopf ist herabgesunken, doch haltlos lässt er ihn nicht hängen. Im Nacken sind zwar Erschlaffung, doch noch Spannkraft zu spüren. Die seitliche Wendung des Kopfes und die eingegrabenen Falten über den Augen wie die herabgezogenen Mundwinkel scheinen die Sinnfrage zu formen: Wozu die Qual?
Die Sprache natürlicher Ausdrucksreaktionen ist souverän mit Sprachformen verbunden, die von der modernen Plastik, insbesondere von Henri Moore und Osip Zadkine entwickelt worden sind, die mit Hohlräumen und Durchbrüchen die geschlossenen Formen aufgelöst haben. Höhlungen sind integrativer Teil der Plastik; innere und äußere Formen bilden eine bipolare Struktur. Ohne die menschliche Gestalt aufzugeben, in welcher er, wie Moore sagte, „sein Fühlen gegenüber der Welt vollständiger ausdrücken (kann) als auf jede andere Weise" (S. 109), gelangte er zu biomorphen Abstraktionen. Die Eigenart Bonks besteht dagegen in der Verschmelzung realistischer Formen mit konstruktiven, der Kombination organischer und kubischer Teile. In Herakles´ Körper verschmilzt die muskulöse Leibgestalt mit einem trapezförmigem Gerüst, die sinnliche Figur mit stabiler Gebautheit und Ausgezehrtheit. Die monumentale Gestalt ist in Papiermaché gearbeitet, einer seit 1983 im Werk Bonks auftretenden Technik. Diese setzt zwar ebenfalls die Arbeit in Ton voraus, wovon eine Gipsform geschaffen werden muss, in welche die Papiermasse eingedrückt wird, aber diese kann intarsienhaft mit Farbe imprägniert und anschließend bemalt werden, und insgesamt verschafft die Technik bei der Montage der Papiermachéteilen und dem weiteren Bauen und Kaschieren, in Komposition und Aufbau der Gestalten größere Freiheit.
Ist das der tätige Held der Antike? Diszipliniert stellte sich Herakles in den Dienst von Götterwillkür, erfüllte jede neue Aufgabe, vollbrachte unermüdlich Taten, die immer schwer sind, so dass er immer am Ende scheint. Herakles wagte sogar den Abstieg in die Unterwelt, wo er in die feste Ordnung eingriff. Als habe er den Weg in den Hades vor Augen, so steht Herakles in seiner berühmtesten plastischen Gestalt, dem *Herkules Farnese* des Lyssip, aufgestützt, ermüdet von all den Taten. Aber vor allem der sitzend ruhende *Herakles epitrapecius* von Lyssip, der allerdings nur noch in typusgleichen Nachgestaltungen existiert, gab Bonk Anregung, wohl auch zum trapezförmigen Oberkörper. Auch erinnert Herakles im Sitzmotiv an die Statue eines Faustkämpfers, das berühmte hellenistische Bronzewerk aus dem späten 3. Jahrhundert vor Christi.
So müde Herakles ist, wird er doch, dem Sisyphos ähnlich, immer neu ans Werk gehen. Deshalb hat Bonk diesen „Workingclassheroe" auf ein pyramidales Stufenpodest gehoben. Aber seine Müdigkeit entidealisiert ihn. Er mag wohl nicht mehr an das „christliche Ethos der Arbeit" (Max Weber) glauben, denn ihm blieb nur, seine Arbeitskraft zu verkaufen. Den schwer Arbeitenden oder den nach schwerer Arbeit Ausgeschiedenen in den Blickpunkt gerückt zu finden, setzt, ähnlich den müden Herakles-Figuren des Lyssip, die in einer Zeit der erlahmenden gesellschaftlichen Kräfte entstanden, ein Zeichen gegen die sich in weiten Bereichen der Gesellschaft, so auch in der Kunst und den Geisteswissenschaften ausbreitenden Müdigkeit und das erlahmende Interesse am Menschen und seiner sozialen Situation.
Sisyphos wurde vom Existentialismus als Urbild des modernen Menschen gesehen. Er ist das Sinnbild des menschlichen Daseins, der „Geworfenheit in eine absurde und sinnlose

Abb. 22 Ronald Paris, Prometheus, der Empörer, nach Heiner Müllers Prometheus-Text, 2001, Gouache auf Fabriano Karton, 140 x 100 cm

Abb. 23 Hartmut Bonk, Der müde Herakles, 1992, Papiermaché, 275 x 250 x 175 cm

Welt" (A. Camus). In der Vergangenheit galt Sisyphos den einen als Genie, den anderen als Verbrecher. Jener König von Korinth überlistete die Götter. Deshalb wurde er bestraft, einen schweren Stein einen steilen Berg hinaufzuwälzen. Da sich der Stein kurz vor dem Gipfel wegen seiner Schwere und der Steilheit des Felsens nicht weiterbewegen ließ und zurückrollte, musste der schlaue Sisyphos die geistlose Arbeit immerfort wiederholen. Der französische Schriftsteller Albert Camus schrieb, dass die Götter „mit einiger Berechtigung bedacht (hätten), dass es keine fürchterlichere Strafe gibt als eine unnütze und aussichtslose Arbeit". Doch die Zeit, in der Sisyphos wieder hinuntergeht, um die Qual am Stein auf sich zu nehmen, ist „ein Aufatmen (... und) die Stunde des Bewußtseins (...) Er ist stärker als sein Fels" (A. Camus, S.99). Das Problem der Entfremdung des Menschen von seiner Arbeit ist mit dem Sinnbild des Sisyphos ebenso verbunden wie sein Versuch, eine bessere Welt zu errichten. Ist Sisyphos nicht auch der Mensch, der sich im „realsozialistischen Weltsystem" auf dem Weg zum Gipfel wähnte und das zugrunde gegangen ist, so wie sich Sisyphos nun am Grund des Berges seinem Stein gegenüber sieht? Die bisher geleistete Arbeit mag ihm unnütz und aussichtslos erscheinen.

In dieser Situation treffen wir ihn auf dem Bild von Ronald Paris an. *Der resignierende Sisyphos,* 2001, ist nicht stärker als sein Fels, sondern an ihm verzweifelt. Abb. 24 Die Betroffenheit der anderen, die auf seine Resignation mit bewegendem Lamento reagieren, scheint ihn nicht zu erreichen. Der vor ihm stehende Thanatos bedeutet ihm, dass ihm keine Zeit mehr bleibt. So verharrt Sisyphos in Resignation. Zwar hat ihn als individuelles Wesen alle Hoffnung verlassen. Doch im Untertext des Bildes gewinnt mit den Klagenden und Auffordernden die innere Stimme des Sisyphos Gestalt, gibt er sich als gesellschaftliche Dimension nicht geschlagen, hat ihn das utopische Denken noch nicht verlassen. Der Grund für sein Tun ist immer noch vorhanden.

Dass Sisyphos, den mythischen Fluch, der auf ihm liegt, abschütteln könnte, ist freilich eine vergebliche Hoffnung. Aber die menschheitliche Qual am Stein bleibt nicht ergebnislos. Vielleicht wird die Vorstellung von neuen Formen des sozialen Miteinanders Sisyphos ermuntern, seinen Stein erneut auf den Weg zu bringen. Es bleibt ihm auch nichts anderes übrig.

Zwar mag er wie auf Medaillen Fitzenreiters erst mal die Beine hochnehmen und sich fragen *Wozu* oder aber sich zureden *Nicht verzweifeln.* Abb. 25 a, b Selbst wenn hinter dem Stein infamerweise ein Pflock eingeschlagen ist , wie im Holzschnitt von Göbel zu sehen, Sisyphos muss sich bemühen, den Stein auf den Berg zu bringen. Abb. 26

Kassandra als Personifikation der dringlichen Wahrheit, die aber nicht geglaubt wird, hat in der Geschichte gleichfalls einen wichtigen Platz.

Dereinst begehrte Apollon Kassandra, die schöne trojanische Prinzessin. Um sie für sich zu gewinnen, schenkte er ihr die Sehergabe. Doch sie weigerte sich, ihr im Traum gegebenes Versprechen einzulösen. Der zornige Apollon, der die einmal verliehene Gabe nicht zurücknehmen, sondern nur abschwächen konnte, spie ihr in den Mund, auf dass ihre Voraussagen nicht geglaubt werden. Sie prophezeite, dass die Wiederaufnahme des Königssohnes Paris wegen seines Urteils den trojanischen Krieg heraufbeschwören werde. Sie warnte vor dem trojanischen Pferd. Immer vergebens. Und sie war fast irre vor Angst, da sie, inzwischen Kriegsbeute und unfreiwillige Geliebte des Agamemnon, ihren eigenen Tod voraussah.

In der bildenden Kunst ragt die *Cassandra* von Carl Hofer heraus, mit der er 1936 vor faschistischem Krieg warnte. Als Thema stieg Kassandra in der DDR, von 1978 an, binnen weniger Jahre in die vorderste Reihe mythologischer Bildgestalten auf. Leidenschaftlich wurde mit ihr vor dem nuklearen Untergang der Menschheit, vor den überspielten Problemen und Widersprüchen innerhalb des „Realsozialismus", vor Meinungsunterdrückung und Indolenz gewarnt. Kassandra avancierte in der DDR noch vor Gorbatschow zum Ausdruck „neuen Denkens". Sie blieb also nicht in der Nische, sondern begab sich auf das Forum.

Die künstlerische Warnung wurde in das scheinbar paradoxe Sinnbild der Kassandra gekleidet, um daran zu erinnern, dass sich schon öfter die Stimme der Wahrheit erhob und dass großer Schaden vermieden worden wäre, hätte man auf sie gehört. Kassandra stand für die Hoffnung, dass die Wahrheit nicht in den Wind gesprochen ist, sondern erkannt und befolgt werde. Doch mancher Künstler war selbst Kassandra und teilte ihr Schicksal. Nachdenklichkeit mögen sie wachgerufen haben, doch aufs Ganze gesehen, fanden die Warnungen Kassandras keinen Glauben, statt dessen wurden ihre Klagen, wie es im Gedicht *Kassandra* Friedrich Schillers heißt, gescholten, ihr Schmerz verhöhnt, sie musste in der „Stadt der ewig Blinden (...) / Freudlos in der Freude Fülle" leben (S. 811).

Mit der Kritik an „unnötigen" Kassandrarufen geriet diese mythologische Gestalt mit anderen in den Blick des Leipziger Zeichner, Graphiker und Bildhauer Rolf Kuhrt. Auf das Schiller-Gedicht, doch vor allem auf die Wirklichkeit bezogen, schuf er von 1979 an, also noch vor Christa Wolfs Erzählung, zahlreiche Kassandra-Blätter (P. Arlt 1987, S.250 f.). Aber „Kassandras Rufe" haben sich für ihn nicht erledigt, denn, so sagt er heute, „Machtgier, Machtmissbrauch, Arroganz, Eitelkeit, Selbstüberschätzung, Lug und Trug, Gewalt und Terror, Feigheit dazu sind unter uns, nach wie vor!"

In Zeichnungen und Skulpturen führt er weiterhin die leidvollen Erfahrungen leibbezogen vor Augen, mit denen diejenigen rechnen müssen, die unangenehme Wahrheiten sagen. Durch Kuhrts expressive Ausdrucksmittel, die ausladende Gestik und gesteigerte Mimik wird die Rufende oder Schweigende zu „Elementartypen menschlichen Verhaltens" (R. Kuhrt, S. 71) verallgemeinert.

Rolf Kuhrts Kassandra-Zeichnungen sind vehement und erregt, dennoch mit kraftvoller Bestimmtheit vorgetragen. Die eindrucksvolle *Studie zu: Haut der Kassandra*, 1995, Ölfarbe auf Papier, konzentriert den Blick auf den Torso von Thorax und Arme, auf welche der in einer Konturlinie umfasste Kopf gesunken ist. Abb. 27 Die Arme bilden den Winkel des Gekreuzigten, liegen vielleicht oberhalb des Busens am Körper, der von tödlichen Verletzungen gezeichnet ist. Während sich nach innen zu, kontrastvolle braun-schwarze Farbtöne mit einem pastos „gehöhten" Rot verbinden, wird die Pinselspur nach außen breiter, weitet sich zu einer helleren Körperfläche, die sich mit einem lasierenden, samtigen Braunton vom eigentlichen Körper zu lösen scheint, als sei Kassandra, wie es Kuhrt auch für möglich hält, die Haut abgezogen worden.

Im Typus der Schweigenden gestaltete Kuhrt in jüngster Zeit, 2000/2001, die Skulpturen *Gebt mir meine Blindheit wieder* und *Verhüllte Kassandra*. Abb. 28, 29 Nachdem sich der Künstler schon mit der *Kassandra*, 1989, mit expressiver Kernhaftigkeit von genrehafter und unmittelbarer Körperdarstellung gelöst hat, entwickelte er nunmehr gestreckte, stelenartige Körper, die an ein etruskisches Idol erinnern. Die Eichenholzskulpturen zeichnen große Sensibilität aus, aber auch wachsende Autarkheit und Hermetik. Das Schweigenwollen, das bisher durch das Motiv des Mundhaltens im Wortsinn ausgedrückt wurde, erfährt eine Steigerung durch das Nichts-sehen-Wollen. Kassandra hat sich in höchster Verzweiflung, einer Trauernden gleich, in den Mantel gehüllt. Ihre Fußzehen wurzeln wie ein Baum im Grund, münden in das Gewand, das einer kannelierten Säule gleicht. Unter dem im schönen Schwung nach oben geführtem Tuch mit zarter Faltung zeichnet sich ihr überschlanker Leib ab, der wie versiegelt ruht, der Kopf ist verdeckt. Vielleicht hofft sie, inmitten des bunten Getöses, das sie täglich überflutet, und den schrillen Weisagungen selbsterklärter Messiase, durch ihr Verstummen erschreckte Einsicht zu gewinnen. Vielleicht, dass sie ihre Sehergabe verflucht und die Zukunft nicht mehr sehen will, die sie ja nur sieht, „weil sie den Mut hat, die wirklichen Verhältnisse der Gegenwart zu sehen" (Ch. Wolf, S. 124). Sie hat gesehen und verschließt die Augen, schweigt und verweigert sich.

Marsyas, ein flötenspielender Satyr, dem das Fell über die Ohren gezogen wurde – könnte diese geschundene Gestalt als Urbild des modernen Menschen gelten?

Der Naturdämon hatte mit einer Flöte den kitharaspielenden Apollon, den mächtigen Gott der Künste, des Lichtes, der Vernunft und Ordnung, zum musikalischen Wettstreit herausgefordert. Manche, wie Herbert Hunger, meinten, dies geschah „in frevlerischer Überhebung"(S. 243), oder hielten ihn für „so dumm (...), daß er im Musizieren mit Apollon wetteifern wollte" (K. Kerényi 1988, S. 143). Dass Marsyas zum Unterlegenen erklärt und mit seiner Schindung bestraft wurde, sahen andere als eine zynische Verletzung der Humanitas.

Siegen und Unterliegen, Martyrium, Tod und Triumph des Lebens im geschichtlichen Kampf treten als Grundthema des Schaffens von Ronald Paris hervor. Schon in dem Tafelbild *Marsyas und Apollon*, 1980/81, gestaltete er die Schindung des Naturdämonen. Die literarische Anregung zu diesem Thema ging von jenem Schriftsteller aus, der in besonderer

Abb. 24 Ronald Paris, Der resignierende Sisyphos, 2001, Gouache auf Fabriano Karton, 140 x 100 cm

Abb. 25 a
Wilfried Fitzenreiter
Wozu?
1997, Bronze
Durchmesser 54,5 mm
einseitig
Neujahrsgruß 1998

Weise bemüht war, die Produktivität der Mythen künstlerisch zu nutzen und ins gesellschaftliche Bewusstsein zu rufen: Franz Fühmann. In seiner Novelle *Marsyas* (1980, S. 353-368) wird das menschlich-freundliche Verhalten Marsyas, der sich nicht lange bitten ließ, mit der gefundenen Flöte aufzuspielen, und arglos-übermütig Apollon herausforderte, in einen scharfen Gegensatz gebracht zu dem zynischen Gott der Künste, der eiskalt seine unverhältnismäßigen Gegenmaßnahmen (vom Träumesenden bis zur Schindung) plant und ausführt.

1993/94 kam Ronald Paris nach einem Besuch des Tempels für Apollon in Pompeji das Thema erneut in Erinnerung. So entstand die Gouache-Malerei *Marsyas, Apollon und die Skythen*, 1994, welche seine in der Ausstellung gezeigte Trilogie des Leidens abschließt. Abb. 30 Paris baut die menschlichen Figuren seines Bildes im Stakkato paralleler Pinselzüge. Sie formen das Anatomische und die Körperbewegungen im expressiven Gestus der wechselnden Richtungen im lockeren Verbund mit breiten, grob konturierenden Pinselstrichen. Eingewoben in den Kontrast der leuchtend roten und weißen Körper sind verschiedene Blau- und Grüntöne, die knapp Gegend und Gegenstände bezeichnen. Die Szene ist von bedrängender Nahsichtigkeit. Diese wird noch durch den zähnefletschenden Hund gesteigert, der aus dem Bild herausbellt und so den Betrachter direkt ins Geschehen einbezieht. Am Boden liegt der kopfabwärts festgebundene Marsyas, der die Arme ausbreitet mit der fragenden Gebärde des Nichtverstehens. Denn die beiden Skythen über ihm sind dabei, seine Haut mit dem Messer abzuziehen. Nimmt der eine den Befehl dazu, den Apollon erteilte, entgegen oder stellt er ihn in Frage? Der im Hintergrund sitzende, weißgestaltige und erhabene Gott überlässt die „Drecksarbeit" den Untergebenen und bleibt selbst „intellektueller Täter". Dass er eine moderne Gitarre spielt, soll die aktuelle Bedeutung, aber auch den Kontrast der Musizierweisen, zwischen modisch-gefälligem Spiel und der ursprünglichen Musik, verstärken. Im Bild zeigt sich – wie bei Fühmann – „der im Wettstreit zwischen Apollon und Marsyas poetisch auseinandergelegte innere Widerspruch der Kunst selbst" (W. Hohmann, S. 9). Zwei Grundverhaltensmuster stehen sich gegenüber und werden als lebendiger Mythos in die geschichtlichen Abläufe gestellt. Mit Apollon wird der

Abb. 25 b
Wilfried Fitzenreiter
Nicht verzweifeln
1996, Bronze
Durchmesser 59 mm
einseitig
Neujahrsgruß 1997

machtbesessene Herrschertyp symbolisiert, der selbst den unambitionierten Versuch, seine Herrschaft anzutasten, unterbindet. Mit Marsyas wird die sich um die Welt verbreitende Menschlichkeit symbolisiert und die unsterbliche, unausrottbare Sehnsucht der friedlichen Menschen, die „den Wein lieben und alle Süße, die nicht Gewalt ist, nicht zwischen den Völkern und nicht zwischen den Leibern" (F. Fühmann, S. 367). Als Ronald Paris das Thema in Erinnerung kam, dachte er zwar nicht zuletzt an den Umgang mit Ostkünstlern im vereinten Deutschland, doch darüber weit hinaus an das im Hintergrundbleiben der intellektuellen Täter allenthalben und an den zeitlosen Machtmissbrauch. Denn immer noch zieht man Gegnern das Fell über die Ohren.

Dass drei weitere Künstler Skulpturen zu Marsyas in der Ausstellung zeigen, ist kein Zufall. Sein Schicksal ist subkutan, es geht unter die Haut. Als Walter Sachs in der Nähe eines Flussbettes in Andalusien den Jaspis fand, mag dieser ihm in Größe und Form, doch vor allem in seinem Zinnoberrot, das von wenigen Quarzadern durchzogenen ist, als ein schrecklicher Torso erschienen sein, als der gerade noch kenntliche Fleischbatzen eines Thorax. Das in den Stein Hineingesehene changierte auch – wie der Künstler mitteilte – hinüber zum Gedanken, den blutigen Kopf des Schinders zu machen. Um die Marsyas-Geschichte ging es sogleich. So wenig die Gestaltung des *Marsyas*, 2001, in die Naturform des Steines eingegriffen zu haben scheint, so spürbar ist sie. Abb. 31 Den „naturalistischen" Eindruck durfte sie nicht bestärken. Im aufgerichteten Torso ist eine anatomische Ortung der Organe, des Brustkorbs, der Genitalien, nur im Ungefähren möglich. Am meisten erfährt man über diesen Marsyas von seinem kraftvollen Rücken mit dem Spann der Drehung und dem ungebrochenen Rückgrat, dem Zeichen, dass Marsyas standhielt.

Rolf Kuhrt kam als ein Meister des Holzschnittes vor über 15 Jahren zur Skulptur, die er aus verschiedenen Hölzern arbeitet. Während der eben gesehene *Marsyas* von Sachs eine große Unmittelbarkeit und Nähe zum Geschehen vermittelt, erscheint das Martyrium bei Kuhrt zunächst in zeitlicher Distanz. Seine 1995 reliefhaft ins Holz des Nussbaumes gehauene *Fundsache Marsyas*, die wie auf einen Schrein montiert ist, vermittelt im ironischen Spiel mit dem Reliqienkult den Eindruck, als sei eben die Haut des vor Zeiten geschundenen

Satyrs aufgefunden worden. Abb. 32 Das erlaubt eine intime Begegnung mit den rhythmisierten Körperwölbungen und Bogensegmenten. Sie steigern die glatte Leibesmitte, die wie der Boden eines Instrumentes geformt ist und im Zentrum den großen, runden Nabel trägt. Sie schwingt über dem Organ der Zeugung, das immer, selbst hier, da wir der „Haut" begegnen, kräftig ausfällt. Gerade darin erweisen sich Pan und Marsyas als überzeitliches Ursprungs-, Ewigkeits- und Lebenssymbol. Rolf Kuhrt begibt sich gleichsam in die Tradition der von F. Fühmann erwähnten „aufständigen Soldaten", die „Marsyas, die unverwüstliche Haut (...) als Banner der Freiheit aufs Forum ihrer Stadt pflanzten" (S. 367).

Eine Skulptur von herausragender Bedeutung und Bekanntheit stammt von der Hand des Berliner Bildhauers Wieland Förster und trägt den Titel *Marsyas – Jahrhundertbilanz*, 1999, der einen hohen Anspruch setzt. Abb. 33 Die überlebensgroße Bronzefigur ist die künstlerische Inkarnation der Frage, die Konrad Wolf nach einem Atelierbesuch bei Wieland Förster formuliert hat: „wofür lebten DIE, die der Marter er*lagen* / oder ihr wider*standen*, wofür leben WIR?" (1980, S. 3). Damit hat K. Wolf die wesentlichste Intention des Künstlers zusammengefasst. Und er hat sie konsequent aus dem Leben Försters als der Voraussetzung für das Werk abgeleitet, indem er aufführt, Förster sei „geprägt in der Kindheit durch Hitlerbarbarei, in der Jugend durch Bombeninferno Dresden, in den Mannesjahren durch Kämpfe um ein anderes, besseres, humanes sozialistisches Deutschland", und er nennt Förster „einen denkenden Rebell" (Ebd.). Unter Marsyas´ Haut, dem „Banner der Freiheit" – so Fühmann –, lebt Rebellentum. Und blickt man auf die Leidensspur, die sich durch das Leben des Künstlers zieht und in der sich persönliche Biographie und gesellschaftliche Geschichte verklammern, so ist die eigene Lebenssumme Försters eingeschlossen in *Marsyas – Jahrhundertbilanz.* Dem Vers Quasimodos vom „endlosen Martyrium (begraben) von unendlichem Schweigen" (zit. in: Förster. Kat. 1980, S. 18) gibt Försters Plastik Bildgestalt und dem Schweigen Stimme.

Marsyas besitzt tiefe Wurzeln in Leben und Werk des Künstlers. Wichtige biographische nannte K. Wolf, doch verschwieg die dreiundeinhalb Jahre Gefangenschaft in einem sowjetischen Sonderlager des NKWD bei Bautzen, die der jugendliche Förster unschuldig verbüßen musste. War die schwere Erkrankung oder die seelische Verletzung schlimmer? Nach Studium und neben Erfolgen gab es die Nackenschläge des Vorwurfes, ein Formalist zu sein, der untersagten Ausstellungen und Publikationen, der entfernten Plastiken und anderer Behinderungen. Und künstlerisch trat das Leidensthema nachhaltig in Erscheinung, vor allem in den Bronzefiguren *Passion, Der Gepfählte, Martyrium* (1966), *Verzweifelter – Erinnerung an den 13. Februar 1945* (1967), *Erschossener* (1968), *Die Gefesselten* (1975/79), *Großes Martyrium – den Opfern des Faschismus* (1977/79), *Großer Trauernder Mann – den Opfern des Bombenangriffs vom 13. Februar 1945 in Dresden* (1982/83), *Geschlagener* (1989). Die vielfache Zuwendung zum Thema „Martyrium" wurde freilich bemerkt, aber als Heinz Schönemann 1980 über die „vertikale Expansion" bei Förster und deren „vehementen Aufstieg" schrieb (S. 78), benannte er nicht den vehementen Sturz. Denn Förster hat schon 1966 das Formmotiv für Marter, Entwürdigung und Tod antinomisch aus dem Menschenbild vom aufgerichteten Wesen, das auf den Füßen steht und das Haupt erhoben trägt, als duale Gegengestalt entwickelt. Der Marsyas-Typ mit der bedrängenden Lage des Kopfes am Boden ist also nicht aus der Literatur (Fühmann) abgeleitet ebenso nicht vom skulpturalen Hauptwerk der Kunstgeschichte, dem *Geschundenen Marsyas,* 210 – 200 v. Chr., der an den Handgelenken aufgehängt ist. Originär hat Förster in der Zeichnung *Gefolterter* das Formmotiv des *Marsyas – Jahrhundertbilanz* bereits 30 Jahre zuvor ausgebildet: Kopfunter gehängt, ein Körper wie zwei verbundene Stelen. Ein tiefer Einschnitt trennt die beiden Leibhälften, die als Zeichen des von Faschismus und Stalinismus zerrissenen Jahrhunderts deutbar sind. Die Schinder sind durch ihre Tat anwesend. Das Kantige der Brüche und die Tektonik der zweigeteilten Gestalt sind Elemente, die eine Ruine in anthropomorpher Form assoziieren und – mit der genetischen Methode – als ein Symbol der Zerstörung Dresdens erscheinen lassen können.

Die Dialektik der Figur liegt im „Widerspruch von Vitalität und Zerstörung" (H. Schönemann, S. 77). Im vehementen Sturz des Marsyas behauptet sich die Gestalt und scheint durch die sich nach oben verjüngende Form in die Höhe zu wachsen. Gleichsam lodern die

Abb. 26 Bernd Göbel, Sisyphos, 1995, Holzschnitt, 10,5 x 30,8 cm

Abb. 27 Rolf Kuhrt, Studie zu: Haut der Kassandra, 1995, Öl auf Papier, 105 x 75 cm

Formen des Marsyas wie eine Flamme, ein Mal steter Erinnerung. Rhythmisch schwingen die Konturen der Volumina, abwechselnd stärker und schwächer – Bachsche Musik scheint aufzuklingen – kürzer und länger, in berührender Schönheit. Sie sind ein Widerhall der Liebe Försters zu zeitgenössischer Figurenkunst wie zu der des böhmischen Barockbildhauers Matthias Braun. Dieser Marsyas ist wohl ebenso in künstlerischer Hinsicht eine Jahrhundertbilanz, da er eine Synthese abstrakter und figuraler Formbestrebungen gibt, in welcher sich die menschliche Figur als vornehmste Aufgabe der Kunst behauptet.
Auf der Mittellinie der Skulptur liegt in einer Höhe, wo das Haupt unter emporgereckten Armen erwartet werden könnte, und über der Augenhöhe des Betrachters, die plastische Dreiform des Genitals. Es erinnert, dass Marsyas zum Gefolge des Dionysos-Bacchus gehörte, in die Sphäre des Sinnlichen, Spontanen, der Gefühle, und dass er den Menschen als vitales Naturwesen verkörpert.
Am eigenen Leib Ungerechtigkeit und Machtmissbrauch spürend, näherten sich Künstler den mythischen Verkörperungen der Bestrafung. Die produktiv unangepasste Mythenrezeption bringt eine Kunst hervor, in welcher sich „die sozialen Denkformen einer Epoche am elementarsten und vollständigsten ausdrücken", wie Pierre Bourdieu gesagt hat (S. 118). Sie lässt Marsyas Haut als Banner einer „Ästhetik des Widerstehens" (Peter Weiss) wehen.

Abb. 28
Rolf Kuhrt
Gebt mir meine Blindheit wieder
2000/2001, Eichenholz
Höhe 260 cm

Abb. 29
Rolf Kuhrt
Verhüllte Kassandra
2001, Eichenholz
Höhe 160 cm

Abb. 30 Ronald Paris, Marsyas, Apollon und die Skythen, 1994, Fassung II, Gouache auf Fabriano Karton, 134 x 95 cm

Abb. 31 Walter Sachs, Marsyas, 2001, Roter Jaspis, geadert, 42 x 33 x 24 cm

Abb. 32
Rolf Kuhrt
Fundsache Marsyas
1995, Nußbaumholz
Höhe 120 cm
Stahlhalterung-Gestell
189 x 44 cm

Abb. 33
Wieland Förster
Marsyas – Jahrhundertbilanz
1999, Bronze
Höhe 221 cm

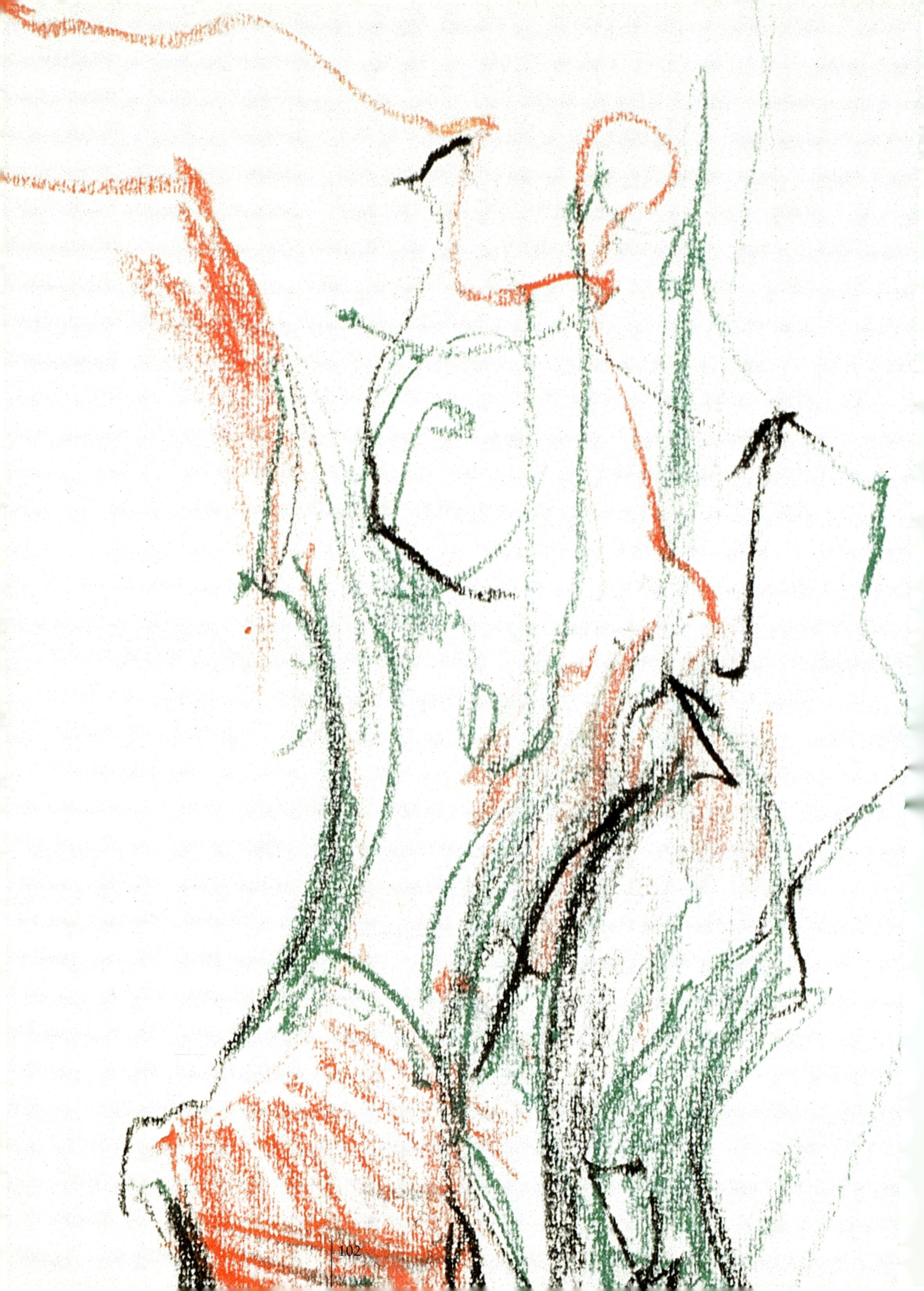

IV. Verwandlung

Danae
Ikarus
Daphne

Peter Hoppe
Bernd Göbel
Wilfried Fitzenreiter
Walter Sachs
Wieland Förster

Das Leben kann als Stoffwechsel beschrieben werden, als ständiger Wandlungsprozess. Alles, wähnt es sich auch ewig, wird zugrunde gehen, hat es nicht das „Stirb und werde!", das Goethe beschwor. Noch vor Heraklit und seiner Idee der ständigen Bewegtheit in der Welt, dem „panta rhei" (Alles fließt), habe Pythagoras gelehrt: „Alles verändert sich nur, nichts stirbt". So heißt es im 15. Buch der berühmten *Metamorphosen* des Ovid, worin, wie der Name sagt, von Verwandlungen die Rede ist. Der römische Dichter aus der Zeit des Kaisers Augustus erhebt somit die Verwandlung zu einem grundlegenden Gesetz, das er wohl sinnbildlich in den mythologischen Überlieferungen wirken sah. Aus den Quellen trug Ovid ziemlich vollständig die Motive der Verwandlung zusammen. Götter vermochten sich selbst oder Menschen die Gestalt von Bergen, Bächen, Tieren, Bäumen, Blumen zu geben. Unbelebtes belebten sie, wie eine schöne Marmorstatue, in die sich Pygmalion verliebt hatte. Lieblinge der Götter, wie Herakles, erlebten ihre Vergöttlichung, andere ihre Versetzung als Gestirne an den Himmel. Die Poesie erhält philosophische Tiefe, indem Götter sich verwandeln und Menschen, statt zu sterben, durch Verwandlung in eine neue Existenz übergehen, sie sind Teil eines universellen Kontinuums.

Danae war eine schöne junge Frau, die einer besonderen Verwandlungskunst des Göttervaters teilhaftig wurde, derer sich Zeus (Jupiter) auf Abwegen bediente. Den Jüngling Ganymed raubte er als Adler und die schöne Europa als Stier. In Bärbel Dieckmanns Bronzegruppe vertraut sich die schlummernde Europa, die sich auf dem Stier hingestreckt hat, der Stärke des Tieres an oder bemerkt die Entführung nicht. Im schlimmen Fall kam er als Blitz, doch bei Danae als regnendes Gold. So gelangte er in das unterirdische Gemach, wo die Königstochter gefangengehalten wurde. Denn die Weissagung sprach von einem Tochtersohn, der dem König zum Verhängnis werden sollte, und so kommt es schließlich auch.
Die Mythe als „pastorale Allegorie" verstanden, heißt, dass Zeus Schauer über die Erde sendet, symbolisiert durch Danae, die Frucht trägt. In den meisten Bildern freilich ist der Goldregen durch klingende Münze ersetzt. Das zeigen Gemälde Tizians, in denen Danae als Mätresse erscheint, wie sie die Auftraggeber der Bilder kraft ihrer gesellschaftlichen Autorität und finanziellen Möglichkeiten in gastlichen Boudoirs finden konnten. Bereits hier wäre Danae gleichwohl ein Sinnbild weiblicher Hingabe in der Liebe. Aber diese Auffassung der Gestalt verbindet sich ungleich stärker mit der Danae des Petersburger Gemäldes von Rembrandt. In ihm geht vom erwarteten Geliebten das Licht aus, das auf die bereite Danae trifft.
Das Ausstrahlen und Empfangen des goldenen Lichtes als sinnbildliche Aura der Liebe, zu der Rembrandt das Goldregen-Mythem gewandelt hat, könnte den Maler Peter Hoppe zu seiner *Danae III*, 1999, mitinspiriert haben. Abb. 34 Im Dunkel des Bildraumes liegt hingegossen eine helle, weibliche Gestalt, den Kopf hinuntergestürzt in die Tiefe heftigen Verlangens. Ein breite gelbe Farbfläche trifft von oben auf sie, überfließt sie in der Leibmitte, an Schulter und Schenkel. Die Farbfelder sind von malerischer Delikatesse, aber wieviel gewinnen sie doch mit der mythopoetischen Sinnschicht. Abgelöst vom erzählerischen Hintergrund, wirkt diese Danae, als sende ihr der Schlaf einen erotischen Traum oder als sei sie im psychologischen Sinne von einer Inversion ergriffen, die sie in diesem Moment der Libido im Sinne C. G. Jungs vom äußeren Objekt ablösen lässt, um sich auf ihre Innenwelt zurückzuziehen. Damit könnte angedeutet sein, dass die ins Origiastische gesteigerte Sinnlichkeit zu sekundärem Narzissmus führt. Das Gelb des Bildes, das Gold assoziiert, könnte manchem möglicherweise als Hinweis erscheinen, Geld mache sinnlich, aber viel mehr erscheint Danae als der Inbegriff einer ersehnten, erträumten Liebe und Metapher der Erotik und erfüllten Sinnlichkeit, zu der ein Verwandlungsmotiv des Mythos das bildhafte Medium lieferte.
Ikaros oder Ikarus ist kein verwandeltes Wesen wie der goldene Regen des Zeus oder die Schilfrohre der Syrinx, sondern die Verwandlung kam zustande, weil Daidalos (Dädalus) „schlau änderte die Natur", so Ovid, und die Flügel für den Menschen erfand. Ikarus ist eine Gestalt, in der sich schwelgendes Glück und schindende Tragik durch und wegen einer Verwandlung und Rückverwandlung ereignen. In den *Metamorphosen* (8, 183-261) erzählt

Ovid, wie der auf Kreta gefangengehaltene Dädalus für sich und seinen Sohn Flügel baute und Ikarus ermahnte, nicht zu tief und nicht zu hoch zu fliegen. Vogelgleich stiegen sie auf, doch Ikarus begeisterte sich am Fliegen und kam der Sonne zu nahe, seine Flügel lösten sich, er stürzte ab.

Sein Schicksal gleicht dem Phaetons. Beide hatten Väter, die ihr Metier meisterten, während die Söhne scheiterten. Doch während dieser nur das machen und können wollte, was der Vater konnte, wollte Ikarus mehr als sein Vater, scheiterte er beim Aufsteigen vom mittleren Weg. Natürlich blieb Ikarus in der patriarchalischen Gesellschaft lange Zeit eine Allegorie der Hoffart und imprudentia (Torheit), der übermütigen Verletzung des Maßvollen und der Selbstüberschätzung, Symbol für Zuhochgestiegene und Tieffallende. Aber vor allem im 20. Jahrhundert, so als beliebteste mythologische Figur der Kunst in der DDR, wurde Ikarus ein Symbol für Flüchtende aus den Widerwärtigkeiten, für den grenzüberschreitenden und auf Freisein von Fremdbestimmung drängenden Menschen, das dialektische Symbol für menschlichen Forscherdrang und dessen Missbrauch.

Mit vier Ikarus-Fassungen, aus einer Gruppe weiterer Varianten gewählt, zeugt Bernd Göbel für die Lebenskraft dieser mythologischen Figur, die mancher jetzt vielleicht als „verbraucht" ansieht. Der hallesche Bildhauer, der in der Nachfolge von Marcks, Weidanz und Lichtenfeld als Haupt der Bildhauer an der „Burg" wirkt, vertraut auf die Ausdruckskraft der menschlichen Figur, welche die souveräne Beherrschung des Handwerklichen voraussetzt, und er ist mit der Welt der Antike und des Mythos vertraut. Für ihn wie für seinen Künstlerkollegen Fitzenreiter, der vor Göbel an der „Burg" studiert hatte, kann mit Heinz Ladendorf gesagt werden, dass ihnen „die Antike der Leitstern im Gewoge des Geschehens" ist. In der Vergangenheit war *Euergetes* eine Hauptfigur in Göbels Werk, und mehrfach tauchten die antipodisch aufgefassten *Venus und Mars* auf, die Göbel mit satirischem Anstrich versah, auch das *Parisurteil, Fortuna, Leda* und einmal der gesamte *Olymp*. Doch vor allem 1992 und 1999 tritt die Gestalt des *Ikarus* in das Werk.

Es ist nicht die Zurüstung zum Abflug zu sehen oder die Fluganweisung durch Dädalus, geschweige denn der kühne Aufflug über blühende Landschaften. Ikarus versucht, einen Anlauf zu nehmen, und strauchelt dabei, stolpert, fällt, stürzt. Wie immer zeigt Göbel das Geschehen an der Figur und gewinnt zuerst aus der menschlichen Gebärde wie dem Körperverhalten beim Fallen die bildnerische Ausdruckskraft und den Zeichenwert, gesteigert durch wenige Elemente, die der Mythos beisteuert. Damit befindet sich Ikarus an der Seite weiterer Figuren Göbels, die seit dem *Fallenden* von 1973 bis zum *Torso eines Gebeugten*, 1989, den Topos des Gefährdeten und Leidenden als ein Hauptthema erkennen lassen.

Die Entstehungszeit könnte auf Entstehungsgründe in zweierlei Richtung hinweisen. Zum einen retrospektiv, wo sich der Grund des Scheiterns von Ikarus mit Gedanken Hans Mayers (1991) über die DDR berühren könnte, den dieser in Versen des späten J. R. Becher vorgeformt fand: „So hoch sind wir gestiegen! (...) Es wird der Turm zu Babel / Im Sturz zu nichts zerfallen". Zum anderen gegenwärtig, auf die Hinderungen in historischer Parallelität und aktueller Ausformung bezogen. Auf den letzteren ikonologischen Hintergrund deuten Göbels Worte: „ (...) nichts ist abschreckend genug, dass es nicht doch wiederholbar wäre", der Versuch von Ikarus „ist immer noch folgenschwer".

Göbels Ikarus ist keinesfalls zu hoch, sondern gar nicht aufgestiegen. Allerdings scheinen die Ikarus-Varianten ebenfalls zu nichts zu zerfallen, denn sie sind sämtlich Torsi und Fragmente, die von Göbel immer mehr reduziert wurden. Manchmal besteht Ikarus nur noch aus Teilstücken von Beinen. Denen sind der Korpus abhanden gekommen wie die Flügel samt Arme, so dass zum Auffliegen wohl geringe Aussicht besteht, um mit einer zynischen Bemerkung das Bittere dieser Ikarus-Gestalten zu unterstreichen. Das Fragmentarische intensiviert nicht nur den Ausdruck, sondern steigert das Dramatische dieser Auffassung des Mythos. Zugespitzt gesagt: Das Fragment ist Ikarus, der verhinderte Ikarus. Und das bedeutet, Kürzung des Ichs, Verlust an Identität.

Typologisch könnte man zwei Gruppen unterscheiden. Zu der einen gehört *Ikarus II*, 1992, in welchem der Künstler überaus sensibel das Straucheln gestaltete, das auf die Ikarus-Gestalt begrenzt ist. Abb 35 Die expressiv gelängte Gestalt eines Jugendlichen weist in der

Abb. 19 Peter Hoppe, Danae III, 1999, Öl/Tempera auf Leinwand, 180 x 90 cm

fast parallelen Beinstellung eine geringe Abweichung vom Stand- zum Schrittmotiv auf, in welchem durch das einwärts gedrehte Spielbein ein Hängenbleiben am Standbein und das daraus folgende Straucheln angedeutet wird, ähnlich die Beinstellung bei *Ikarus IV*. Abb. 36 Die Körperhaltung ist gebeugt, die Flügel haben sich zum einen vom Körper abgelöst und sind heruntergeglitten, zum anderen bilden sie gemeinsam mit dem Unterarm ein Fragment. In dieser Ikarus-Gestalt werden durch die Beschränkung auf die Figur insbesondere wohl die inneren Gründe des Scheiterns zum Ausdruck gebracht, wie Mutlosigkeit, fehlender Wirkungswille, Entkräftung. Diese befinden sich freilich im Wechselspiel mit äußeren Ursachen, wie Entmutigung, Entzug der Wirkungsmöglichkeit oder von Mitteln.

Die herausragende künstlerische Qualität des Realismus dieser Figur beweist sich darin, wie der fragmentierte Oberkörper mit einer grob strukturierten Rumpffläche abgeschlossen wurde und mit den abgerissenen Arm- und Flügelresten wie mit der lebhaft differenzierten Oberfläche der Körperhaut eine formale Einheit bildet. Zu deren Geschlossenheit tragen die konvex-konkav geschwungenen Formparallelen bei und die Anordnung der Fragmente, welche den Blick rhythmisiert über die Volumina springen lässt.

Zum zweiten Typus, der das Moment äußerer Ursachen stärker ins Bild setzt, gehört *Ikarus V*, 1992. Abb.37 Der Sturz der langen, noch ganzfigurigen Gestalt wirkt am vehementesten. Zudem hat er als einziger ein wenig abgehoben, da er über einen pyramidenstumpfähnlichen Brocken fliegt und sich förmlich überschlägt. Sein Rücken ist wie umgebogen. Die gekrümmte Form wird durch die Bewegung eines überlangen Arm-Flügels zurückgeführt, so dass der Körper eine Schleife beschreibt, als wolle er eine unendliche Wiederholung des Versuchens und Scheiterns andeuten. Zu Fall gebracht hat ihn ursächlich ein äußeres Hindernis.

Das besitzt beim *Kleinen Ikarus V*, 1999, einer Bronzestatuette, eine überraschende Form. In der Körpermitte des Ikarus-Torso, hart über dem Geschlecht, befindet sich, nur von Armstümpfen etwas überragt, als Transplantat eine aufgeklappte kubische Form. Abb.38 Schräg horizontal wirkt sie gegen die vertikale Körperform, drückt diese zurück. Dieser Formkontrast, der durch das Element der Montage bewirkt wird, lässt aufmerken, bringt er doch eine Innovation, die sowohl gestalterische als auch ikonographische Aspekte besitzt. Formal ist es der Eindruck eines prozesshaften Geschehens und die Verbindung abstrakter und realistischer Formen, der in der Plastik ausgetragene Gegensatz zwischen ihnen. Inhaltlich ist die in den Körper geschobene Faltung ein symbolischer Winkel der Hindernisse, denen sich beispielsweise ein realistischer Künstler heute gegenüber sieht. Wegen der mathematisch-technoiden Form könnte der Winkel ebenso mit Problemen des Verhältnisses von *Natur und Zivilisation*, so der Titel einer Plastik von Göbel, zu tun haben oder mit anderen real existierenden Hindernissen, die der Betrachter zu assoziieren vermag. Ein auffliegender Ikarus ist bei Bernd Göbel nicht in Sicht.

Wird das Leitbild Ikarus Bestand haben? Der jugendliche Ikaros auf der Medaille (1992) von Wilfried Fitzenreiter, ein athletischer Heros, zeigt seine „Muckis" und bringt seine heraldisch gebildeten Flügel in Position. Abb.39 Elanvoll, unaufhaltsam, nimmt er Anlauf. Der *Startende Ikaros* kann spöttisch betrachtet werden, weil er endlos so rennen könnte, oder mitleidig, weil bei einem Aufflug sein Scheitern vorausgesehen wird. „Man sollte Daidalos nicht vergessen", sagt Fitzenreiter. Wie er hält mancher den Vater des Ikaros für das bessere Leitbild, weil Daidalos als der Erfinder das Fliegen mit Vernunft und Maß betrieb und nicht scheiterte. Aber die Sehnsucht, die vom goldenen Mittelweg fortführt?

Ikarus ist der Mut, etwas zu wagen, das nicht für möglich gehalten wurde. Der Fortschritt hängt – wie Bernhard Heisig 1981 mit G. B. Shaw in Erinnerung rief – von den sogenannten „Unvernünftigen" ab, deren Leitbild Ikarus ist. Sie nennen das Ziel und fordern, wir müssen es anders erreichen! Die ikarischen Sturzgestalten Bernd Göbels geben mit ihrer Provokation ein Bild von der „chronischen Unerziehbarkeit der Musen", die nach Günter Grass die Voraussetzung des anarchischen Freiheitsbegriffes der Kunst ist. Denn im negativen Verlauf der Flugversuche des Ikarus äußert sich mit der Kritik an den Umständen das subversive Festhalten an einem Verhaltensmuster, das von Göbel für die Entwicklung der Gesellschaft wie für die des Individuums als notwendig erachtet wird. Er schreibt vom „ewigen Versuch, durch Flügelschläge der Realität zu entfliehen, um neue Horizonte zu erreichen".

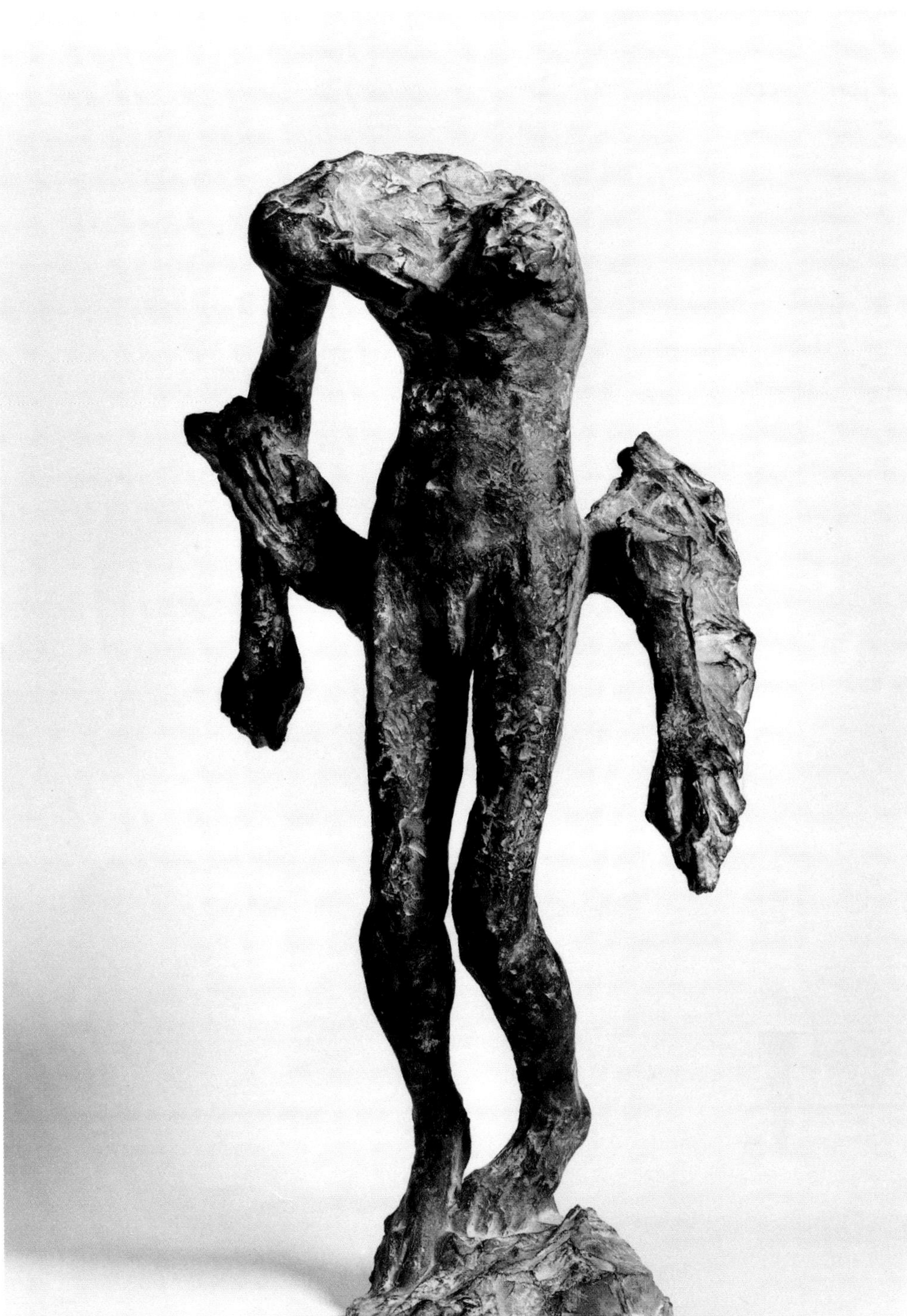

Abb. 35 Bernd Göbel,Ikarus II, 1992, Bronze, Höhe 52 cm

Ikarus, die kritische und innovative Kraft der Menschheit, strebt aus der Verneinung der Gewohnheit und des Bewährten, über Versuch und Irrtum ins Unbekannte. Auf den Flügeln sich erneuernder Zielutopien und mit Hilfe ihrer künstlerischen Modellentwürfe schwingt sich der ikarische Mensch womöglich eines Tages hinüber in eine humane Welt, die freiheitlich und sozial gerecht, die friedlich und ökologisch gestaltet ist. Eine Ankunft ist nicht garantiert. Ohne Ikarus ist sie ausgeschlossen. Der nächste Ikarus wird Anlauf nehmen.

Daphne gehört zu den Verwandlungen mit Übergang in eine neue Existenz, welche die Künstler von Bernini bis Sintenis immer wieder zur Gestaltung herausgefordert und auch Walter Sachs und Wieland Förster inspiriert haben. An den Zeichnungen beider Künstler ist abzulesen, dass als ein Bezugspunkt tatsächlich die Geschichte von Liebe, Abneigung, Flucht und Verwandlung, wie sie Ovid erzählt, gelten kann. Im 1. Buch der *Metamorphosen* (452-566) erfährt man, wie der strahlend schöne, musisch begnadete, erfolgreiche Apollon bei der jungfräulichen Daphne auf entschiedene Abwehr trifft. Wohl war es die Strafe für die Unterschätzung der Macht der Liebe, denn er verspottete Bogen und Pfeile in der Hand Cupidos (Amors). Daraufhin zielte dieser mit verschiedenen Geschossen auf Daphne und Apollon: „Eins scheucht, eins wecket die Liebe". Apollon entbrennt in Liebe, Daphne flieht. „Flucht zeigt schöner den Wuchs". Apollon holt sie ein, doch als er nach ihr greift, verwandelt sie sich in einen Lorbeerbaum. Steif und hölzern werden, um den Widerwillen auszudrücken.

Das Geschehen wird in den Zeichnungen beider Künstler natürlich nicht nacherzählt. Förster zeichnete in *Daphne II*, 1996, mit roten und grünen Ölkreiden eine durch schwarze Konturenschwünge pointierte Konfiguration. Abb. 42 und 43 Diese assoziiert in ihrer komplementären Farbigkeit und dem Dualismus gegeneinander gerichteter Formverläufe den Lauf einer Figur und den futuristisch anmutenden Kampf zweier Gestalten, einer weiblichen

Abb. 36
Bernd Göbel
Ikarus IV
1992, Bronze,
Höhe 72 cm

Abb. 37
Bernd Göbel
Ikarus V
1992, Bronze
Höhe 38 cm

roten und einer männlichen grünen. Doch in ihrer Einheit lassen sie auch einen wachsenden schrundigen Ölbaum vermuten. Während hier Daphne und Apollon als ein Gestaltgebilde mit ineinander verschränktem Gegensatzpaar erscheinen, ist die gleichnamige *Daphne II* von Walter Sachs eine Figuration im Spannungsfeld von Außen und Innen. Abb.40 Die Figuren beginnen in der Intuition ihr Leben und wandeln ihre Gestalt, weniger um eine andere anzunehmen, sondern mehr um andere Gestalten in die zuvor gefundenen in lapidarer Metaphorik mit aufzunehmen. Aus langen Pinselstrichen, die in schwarzer Tusche über das wenig saugende dünne Papier hinab und ins helle Grau laufen, formt sich in weichen Schwüngen und Rundungen eine feminine Gestalt. Sie kann Daphne genannt werden, da sie von iterativ bewegten Arm- und Handformen in doppelter Bedeutung angegriffen wird. An diesem Wesen, dass von äußeren Formen umstellt und bedroht ist, werden Beziehungen anschaulich, die in weitläufigere Zusammenhänge gestellt werden können, so diese mit Nötigung und Verweigerung zu tun haben.
Wie für die meisten Künstler, ebenso für Walter Sachs und Wieland Förster, ist der Mythos von Daphne, die Erlösung durch Verwandlung, eine Inspiration zur Formentwicklung. Er ist eine Metapher der Bestätigung der künstlerischen Gestaltungsweise, der Befreiung vom Zwang zur Richtigkeit in Anatomie und im Realgeschehen. Zugleich ist der Prozeß gegenläufig. Während Daphne mythologisch erlöst wird, indem sie zu Baum erstarrt, verliert sich die künstlerische Verfestigung aus der Plastik, indem die Künstler den bewegten Wandel gestalten. Vor der Entstehung der in Pikrit gehauenen *Daphne*, 1995, hatte Walter Sachs deren Gestalt schon im Stein gesehen. Abb. 41 Und die fertige Figur soll den Eindruck vermitteln, als verschwinde sie über die Zwischenbereiche glatt – rauh – roh im Stein.

Ein Meister der Verwandlung ist Wieland Förster. In seinen Daphne-Figuren, wie in der *Mittleren Daphne I*, 1995, schied er die narrativen Elemente aus, die auf die Verfolgung Daphnes, ja auf die mythologische Figur selbst deuten. Abb. 44 Man könnte sagen, die Hände des liebenden Apollon seien die des Bildhauers. Im Akt des plastischen Gestaltens üppiger Weiblichkeit, angenehmer Formen liegt ein faunisches Spiel. Das Faunische im Alter, für das Picasso eine paradigmatische Gestalt ist, ergreift auch Wieland Förster. In einem schwingenden Rhythmus überläuft die Haut der Plastik ein fleckhaftes Modul paralleler Schürfungen, die von der gesträhnten Seite des alten Holzstückes herrühren, welches Förster bei seiner Arbeit in Ton benutzt. Dass die Kante durch Jahresringe moduliert ist, fügt sich bei Daphne auf sonderbare Weise. Die verschiedenen Richtungen und Tiefen der schrundigen Struktur lassen nacherleben, mit welch tänzerischer Gebärde der Bildhauer schafft, wie deren Schwung vom Fußballen den ganzen Körper durchlaufen haben muss, um über die Hand in den expressiven Hieb, das Streicheln mit dem glatten, rauhen Holz zu münden. Die autonome Gestalt des Torso scheint mit kleiner Schrittstellung im Boden zu wurzeln und wird von schönen ausschwingenden und eingezogenen Konturlinien umfasst, die zu Brüsten, einem Volutenkapitell gleich, führen. Darüber der Grat eines Baumstumpfes. Diese Daphne ist alles andere als asketisch sich verweigernd. Sie ist kein asexuelles Wesen, wie etwa die *Daphne* von Renee Sintenis, und besitzt nicht das Amorphe, Dünnhäutige der *Daphne* Emil Cimiotti, mit welcher sie am ehesten eine gewisse Ovalform gemein hat. In der Plastik, die Förster auch „Urdaphne" nennt, sind Mensch und Baum zu einer Figuration verschmolzen. Zwar deutet das auch auf das Schicksal Daphnes, doch mit ihr bekommt ebenso das Urerlebnis des Mediterranen einen Namen, das Förster 1967 in Tunesien hatte. Auf der Insel Djerba, die an das Schicksal der Lotophagen, Phönizier, Römer und vieler anderer Völker erinnert, fand Förster in einer gleichsam mythischen Landschaft, in der hinter jedem Busch ein Faun hocken könnte, uralte Ölbäume, „Symbole des Überdauerns", die wie Skulpturen wachsen. Begeistert hielt er in seinem Tunesien-Tagebuch fest: „Ölbäume: (...) Baumskulpturen, hundertfach den Leib des Menschen nachahmend" (S. 96). Die Sinnfigur der „Daphne" ist eine Art kraftvolle „Landmarke" (C. Wieg, S. 86) von kumulativer Bedeutung. Sie feiert die mediterrane Lebensart, nimmt einen Widerhall der geschichtsträchtigen Landschaft und der ehernen Zeit in sich auf. Der Ölbaum erscheint als ein Totem, Förster als sein Kind. Der Künstler kehrt zu einer Urform der Religiosität zurück, die er jedoch zu einer poetischen Weltsicht wandelt. Förster verleiht dem Olivenbaum

Abb. 35 Bernd Göbel,Kleiner Ikarus V, 1999, Bronze, Höhe 32 cm

Abb. 39
Wilfried Fitzenreiter
Startender Ikarus
1992, Bronze
Durchmesser 5,4 cm
einseitig

menschliche Gestalt, verwandelt ihn zu einem weiblichen Wesen, der Urmutter. In Daphne verklammern sich mit Baum und Frau Inbegriffe des Lebens, vereinen sich in den Ölbaummotiven und dem weiblichen Akt die bipolaren Symbole des Alterns, das an Ewigkeit grenzt, und der Sinnlichkeit wie der Liebe, die Gegenwart verlangen. In ihrer Gestalt ist das Ewigweibliche eingefangen, die Sehnsucht nach sinnlicher Vereinigung, nach ewiger Dauer, ewiger Jugend, Gegenwartsewigkeit. Försters Daphne-Figuren sind der freudvolle Teil einer ambivalenten Lebenssumme des Künstlers so wie der *Marsyas* Ausdruck des schmerzensreichen Teiles ist. Daphne spricht von der Sehnsucht nach Dauer und bietet in plastischer Form eine Verstetigung leidenschaftlich gelebten Lebens. „Denn alle Lust will – Ewigkeit!", sagt Friedrich Nietzsche (S. 314). Das könnte uns mit den letzten Worten des Chorus mysticus aus *Faust II* enden lassen: „Das Ewig-Weibliche / Zieht uns hinan".
Wieder bei Goethe angelangt, rundet sich der Kreis. Das eigene Leben am Mythos zu vergewissern bedeutet, Sinnlichkeit in ihrer Beglückung und Problematik sowie Lebenssinn zu erfahren. Mythologisches Geschehen erinnert an die millionenfache Erfahrung zahlloser Generationen. Binden wir in diese das einmalige persönliche Leben ein, so gewinnt die individuelle Wirklichkeit eine mythische Dimension. Vielleicht besteht darin eine gewisse Lösung jenes von Friedrich Nietzsche aufgezeigten Konfliktes zwischen dem subjektiven, anonymen und zeitlich endlichen Leben und der zeitlos gültigen „ewigen Wiederkehr des Gleichen". Nehmen wir dies als eine tröstliche Quinta essentia.

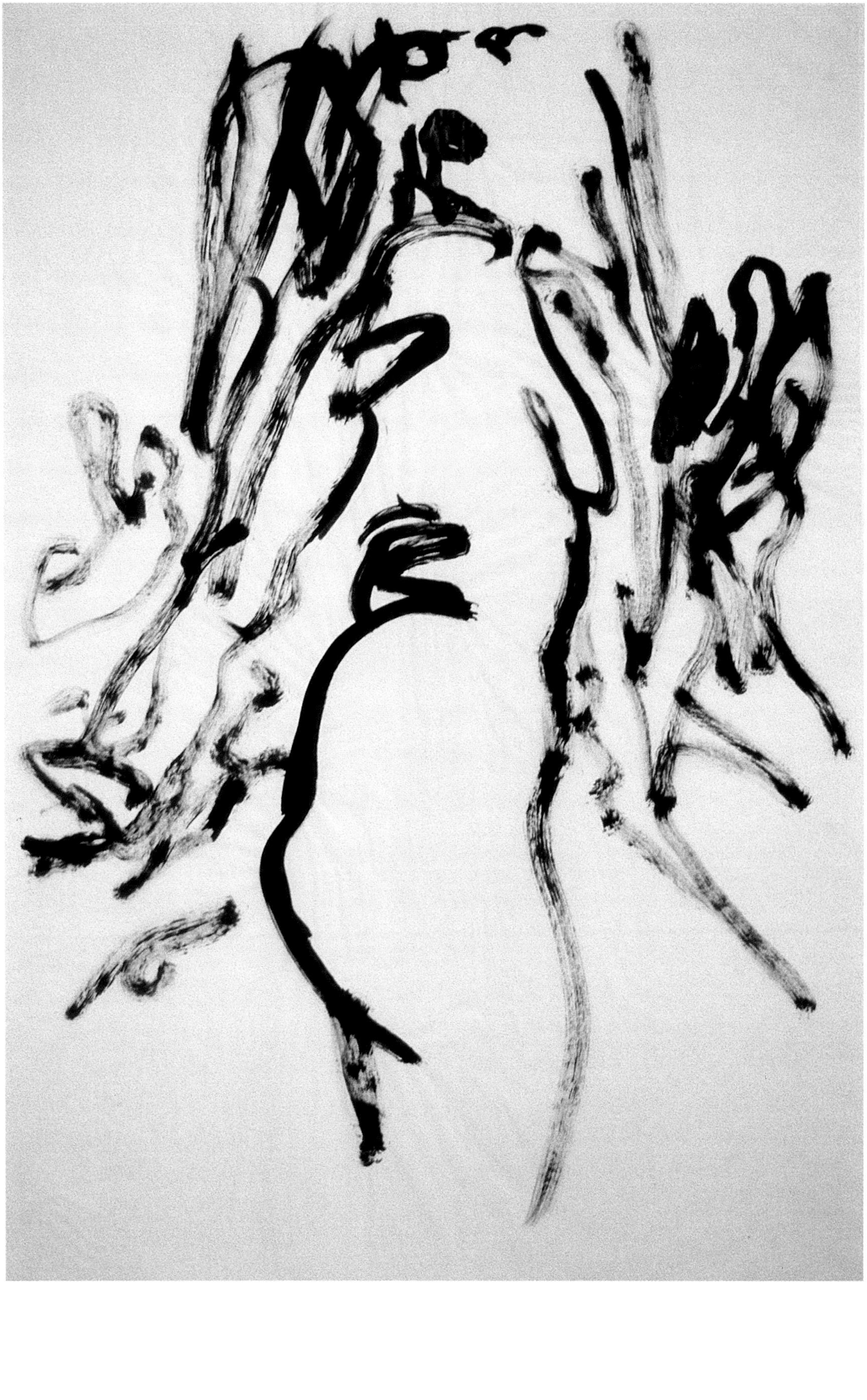

Abb. 41 Walter Sachs,Daphne II, 1995, Pinsel, Tusche, 70 x 49 cm

Abb. 41
Walter Sachs
Daphne
1995, Pikrit
76,3 x 18 x 14 cm

Abb. 42 Wieland Förster, Daphne II, 1996, farbige Ölkreiden, 46 x 31 cm

Abb. 43 Wieland Förster, Daphne IV, 1996, farbige Ölkreiden, 36 x 31 cm

Abb. 41
Wieland Förster
Mittlere Daphne I
1995, Bronze
Höhe 90 cm

V. Satyrspiel Karikatur

Barbara Henniger
Reiner Schwalme
Peter Muzeniek
Manfred Bofinger

Nach der Tragödientrias folgte in der Antike das Satyrspiel. Satyrn mit dicken Bäuchen und Phallen demonstrierten ihre Trink-, Ess- und Sinnenlust, wie wir ihnen auch auf Vasenbildern im Gothaer Schlossmuseum wiederbegegnen können oder im schenkelklatschenden Nachbarn. Im heiter-szenischen Spiel traten die Helden der Tragödie, wie Herakles, in komischen Situationen auf. Im kontrastvollen, ironisierenden, persiflierenden Verhältnis zum mythologischen Stoff befindet sich auch die Karikatur, die im Brettersaal ihren Platz gefunden hat. Im Schloss Friedenstein gab es im September 1989 eine größere Vorläuferausstellung zu Mythos und Antike in der Karikatur der DDR, deren Titel *AntikWandel* die ungeahnte, aber beabsichtigte Nähe zur „Wende" deutlich macht. Ziel dieser Karikaturen war es, wie es im Katalog heißt, „über Selbstbeweihräucherung zu spotten, Bürokratie, Schluderei, Eigennutz, Habsucht, Dummheit am Hebel bloßzustellen oder die Neigung, sich rückzuversichern oder sich an Erfolgen zu berauschen, ins Lächerliche zu ziehen". Prognostiziert wurde, dass solche und andere Verhaltensweisen „auch zukünftig stabil gewährleistet sein dürften (und somit) weiterhin die Satiriker tatkräftig an der sozialen und politischen Hygiene im gesellschaftlichen Leben beitragen (können)". In anderer Weise als gedacht, aber oft mit überraschender Übereinstimmung trifft das unter den veränderten gesellschaftlichen Verhältnissen auch zu. Ein Problem der Karikaturisten heute liegt darin, dass ihnen droht, zwischen den Mühlsteinen der Tagesanforderungen zermahlen zu werden. Die Produktion müssen sie vervielfachen. Der Niveauanspruch der Tageszeitungen ist niedrig, so dass seltener eine mythologische Gestalt hineinrutscht, denn mit unverständlichem „Kram" dürfen sie nicht kommen. Im Grunde gibt es für die meisten nur die Möglichkeit, sich in Konkurrenz zum tagespolitischen Journalismus zu begeben und den Ereignissen mit Blitzideen und Schnellfabrikation nachzujagen, so dass die Karikaturen in einer Ausstellung nicht mehr vorzeigbar sind. Die Alternative ist, nicht vorrangig die Tagesereignisse, sondern die widersprüchlichen Pozesse im gesellschaftlichen Getriebe und in den Verhaltensweisen analytisch und mit satirischer Schärfe unter die Lupe zu nehmen und in Karikaturen von bildnerischer Dichte zu verarbeiten, um die öffentliche Meinung auf den Punkt zu bringen. Das ist der Weg des Wesentlichwerdens, des gesteigerten Verallgemeinerungsgrades, der – vielleicht vom Tagesereignis angeregt – über die Enge des Anlasses hinauswirkt. Dafür bedarf es einer prägnanten Bildhaftigkeit, die oft mit Hilfe der Kostüme aus der mythologischen Requisitenkammer eine anspruchsvolle Form finden kann. Das zeigen die Klassiker Honoré Daumier oder James Gillray und beweisen die Karikaturisten der Ausstellung *Mythos und Figur.* Barbara Henniger, Manfred Bofinger, Peter Muzeniek und Reiner Schwalme sind herausragende Karikaturisten mit einem unverkennbaren Strich und Witz. Nicht zufällig publizieren sie im „Eulenspiegel", einer beliebten Satirezeitschrift, die es noch nicht aufgegeben hat, auf Niveau zu verzichten.

Fortuna:
Göttin des Glücks und Zufalls, die ihre Gaben aus dem Füllhorn über die mehr oder weniger zufällig erwählten Glücklichen ausschüttet und öfters ihr unstetes Wesen durch Balanceakte auf einer Kugel demonstriert

Im Medium des antiken Mythos treiben die Karikaturisten die realen Situationen in die Zuspitzung, geben sie Leute in ihrem Widerspruch von Sein und Schein der Lächerlichkeit preis, machen sie die Kluft zwischen der hehren Absicht von Institutionen, segensreich zu wirken, und der entgegengesetzten Realität spottend kenntlich. Dass sie dabei übertreiben, wie ihr Name (vom ital. caricare) besagt, liegt in der Natur der Sache. Von manchem nicht bemerkt, gehört zur Karikatur ebenso eine gewisse Tendenz zur Idealisierung, die offenbar wegen der Erträglichkeit des Karikierten sein muss, so die Treuhand als Fortuna. Abb. 45
Natürlich ist aber Barbara Henniger in ihrer Karikatur von 1991 eine großartige Darstellung der polarisierenden Wirkungen der Treuhand, in Gestalt der als Fortuna figurierenden und porträtähnlich erfassten Frau Breuel gelungen.

Die Anlässe liegen auf der Hand, weshalb *Der Raub der Europa* das herausragende aktuelle Thema ist, dass immer wieder hin und her gewendet wird, um Momente der Realität in neuen Seiten der mythologischen Geschichte einzubetten. Als Vereinigte Staaten von Europa spukte der Mythos Europa seit Napoleon durch die Politikgeschichte. In der Ikonografie symbolisiert den Erdteil Europa vor allem mit der Paneuropa-Bewegung seit 1923 traditionell der Stier und die Europa. Mit dem Europa-Gedanken nach dem 2. Weltkrieg und mit Gründung der westeuropäischen EWG, dann EG und EU differenzierte sich der Typus weiter aus und expandierte mit der Vorbereitung der Einführung des Euro und mit einigen gewaltigen europaweiten Skandalen, die dem Motiv völlig neue skeptische bis schreckensvolle Züge verlieh. Freundlich mutet die unbetitelte Tusche- und Farbstift-Zeichnung, 1999, von Reiner Schwalme an, der mit traumhaft sicherem Strich die Sihouette des Stiers idealtypische Form gegeben hat und der blonden Schönen eine reizvolle Gestalt. Abb. 46 Doch der Charakter der Szene wandelt sich ironisch, weil das Tier das Gewöhnliche tut: fressen und ausscheiden. Doch nicht irgendwas. Denn in dem Heuhaufen sind die europäischen Währungen piktogrammartig versteckt, die in der der Verdauung die Metamorphose zum Euro durchlaufen haben. Durch die Profanität seiner Hervorbringung kommt das Erhabene der gemeinsamen Währung in despektierlichen Geruch.

Europa: phönikische Königstochter, die von Zeus in Gestalt eines Stieres über das Mittelmeer nach Kreta entführt und dort zur Mutter gemacht wurde

Bei der Konstituierung Europas zerren gegensätzliche nationale Interessen mit ihren verschieden gewichteten Stimmen von unterschiedlichen Enden an den projektierenden Instrumenten. Die EU-Fahne ist ob dieser Streitigkeiten auf der großen Zeichnung von Peter Muzeniek bereits ausgefranst. Abb. 47 Das dramatische Geschehen steigerte der Künstler mit den barocken Stilmitteln stürzender kurvenreicher Massen, die im Aufknallen und sich Überschlagen zu bersten drohen. Der Anatomieexperte Muzeniek brilliert mit kühnen Perspektiven der Leiber, die durch Schraffuren und Farbmodulierungen vor Plastizität strotzen. Das Maß an Übertreibung der Körperlichkeit ist bereits ein wesentliches Moment seines satirischen Humors. Welche Ereignisse des Jahres 1996 zu solchen Verwerfungen in der europäischen Politik konkret geführt haben, mag bereits wieder vergessen worden sein. Aber man erinnert sich, dass Großbritannien seiner traditionellen Politik der „Splendid isolation" regelmäßig treugeblieben ist und wenig Interesse an gesamteuropäischen Verpflichtungen zeigt, auch schon mal was kippen lässt. Nieder-geschmettert, verdreht der Stier die Augen, das war ein *Missglückter EUROPA-Raub*, aber am Schwanz hält er den Union Jack hoch. Dort könnten ebenso andere Flaggen wehen, denn an national-egoistischen Versuchen wird es in Europa auch künftig nicht fehlen.

Exemplarische Karikaturen zum Thema Europa im Bild des Raubes der Europa sind schon allein die vier Zeichnungen von Barbara Henniger. Im *Balkan-Stier*, 1999, flüchtet Europa auf dem EU-Stier vom kriegszerstörten Balkan. In der analytischen Karikatur werden Probleme des friedlichen Zusammenlebens der europäischen Völker, der Migration, vor allem mit Hinblick auf die sogenannte „Osterweiterung" angerissen. Diese Arbeit will nicht Lachen provozieren, sondern weckt mit ihrer Position und dem Mittel vereinfachter Darstellung Mitempfinden.

Einem europäischen Thema von überragender Bedeutung, der Bio-Technologie, sind wir bereits mehrfach in satirischen Arbeiten von Fitzenreiter, Ranft-Schinke und Göbel begegnet. Schon 1995 schuf Barbara Henniger mit *Euroschmaus!* eine bittere Groteske auf Europas Küchentisch. Abb. 48 Er steht in einer Industrielandschaft und ist überfüllt mit solch „appetitlichen" Produkten, wie einem Riesenei und Birnenzwillingen, Mutationen aus hypertrophierter Gen-Technologie, einem Fisch, dem noch das ins Meer gelaufeneTankeröl anzusehen ist, und das ganz toll behandelte Fleisch, in dem noch die Spritzen stecken; bestrahltes Gemüse darf nicht fehlen und das mit Chemikalien angereicherte Wasser, dazu diverse Pillen zur Ergänzung. Wird der Wein, den Europa in sich hineingießt, vielleicht mit einem Frostschutzmittel verfeinert sein? Vor ihrem Tisch liegt in Zuckungen der mythische Stier erbarmungsvoll auf dem Rücken, ein klarer Fall von BSE. Die Not des Tieres hat die Künstlerin wie die Produktpalette auf dem Tisch ohne unerträglichen Naturalismus, sondern durch drastische Übersteigerung und eine zusammenziehende, vereinfachende Strichführung ins Komische gewendet. Ihr bissiger Humor wird immer von Mitgefühl getragen, was ihre Karikaturen zum einen so klar in der Kritik, zum anderen so sympathisch und charmant macht. Das verrät eine herausragende künstlerische Erfindungsgabe, mit der sie Empfindungen erfasst und Konfrontationen schafft, wie beispielsweise die große Fläche des Tierleibes, der mit einer spannungsvollen Kontur umfasst wird, die gegen die Fülle gesetzt ist, die auf dem kubistisch hochgeklappten Tisch ausgebreitet ist. Treffend charakterisiert auch der schlemmende Rabelais-Typ der Europa und die industrieüberzogene Landschaft, deren Horizont das Blatt inhaltlich wie formal abschließt.

Leda: spartanische Königin, die von Zeus in der Gestalt eines Schwanes verführt wurde und in der Folge Helena gebar und Eier legte, denen Kastor und Polydeukes entschlüpften

Beispiele köstlichen Humors liefert Barbara Henniger mit ihrer Leda-Folge. Darin kommt auch Wortwitz zum Tragen, so wenn der in einen Schwan verwandelte Zeus das Mädchen Leda hierarchisch abgestuft als „Dumme Gans!" beschimpft. Beim Thema käufliche Liebe

Abb. 45
Barbara Henniger
o.T.
1991, Feder/Aquarell
40,5 x 28,7 cm

Abb. 46
Reiner Schwalme
o.T.
1999, Tusche/Farbstift
29,6 x 21,0 cm

Abb. 47 Peter Muzeniek, Mißglückter EUROPA-Raub, 1996, Feder, Aquarell, Bleistift, Farbstift, 45 x 36 cm

Abb. 48
Barbara Henniger
Euroschmaus!
1995, Feder/Pastell
50 x 39 cm

Diogenes:
antiker Philosoph der kynischen Schule (um 412-um 323 v. u. Z.), der mit der Laterne am hellen Tag auf dem Markt nach einem Menschen suchte und ein Faß bewohnte, weil er die Selbstgenügsamkeit lehrte und lebte

Sisyphos:
schlauester Sterblicher, der die Götter durchschaute und überlistete und deshalb zur Strafe in der Unterwelt einen schweren Stein einen steilen Berg ganz hinaufwälzen sollte; da der Fels kurz vor dem Gipfel immer wieder zurückrollte, mußte Sisyphos diese geist- und sinnlose Arbeit mal für mal wiederholen; Sisyphosarbeit wurde sprichwörtlich für jede mühselige Arbeit, die sich endlos wiederholt und wenig Verstand erfordert

avanciert die Ente Disney-Dagobert kraft seiner finanziellen Mittel zum verhinderten Zeus-Schwan. Abb. 49 Der unterkühlte Gesichtsausdruck der Kurtisane Leda bestätigt, was jeder sieht. Dem Winzling fehlen die entscheidenden Mittel für eine positive Antwort auf seinen Wunsch: *Ledalein, sag, dass du mich nicht nur des GELDES wegen willst!*

Beliebt bei den Karikaturisten ist auch der Philosoph in der Tonne, Diogenes. Der Verächter der Kultur führte ein einsames Leben in freier Natur. Und Barbara Henniger zeigt, was passiert, wenn das Schule macht. Fröhlich schleppen die Diogenes-Jünger im *Verein der Einsiedler e. V.*, 1997, ihre Tonnen herbei, bilden um Diogenes einen Kreis und schwatzen, dösen. Das Massenhafte führt das Individuelle ad absurdum.

Bei Manfred Bofinger demonstrieren zwar *Diogenes'* Leben in der Tonne und seine aus ihr heraussehenden nackten Füße eine Lebensweise, die der Zivilisation entsagt. Das Asketische wird aber auf den Kopf gestellt, weil er heimlich fernsieht, was wegen der Sat-Schüssel auf der Tonne offenkundig ist.

Die Figuren Manfred Bofingers wirken so naiv und liebenswert wie sein Humor, der leicht und von einfacher Direktheit daherkommt und doch Hintersinn besitzt. Unbeholfene bekennen ihre Unbeholfenheit als Vorzug. Anscheinend ist sein Sisyphos von 1990 einer für Kinder, denn er versucht, in antikisierter Kleidung, einen Schneemann zu bauen. Abb. 50 Er scheitert an der Unmöglichkeit, den Schneekopf auf den hohen Rumpf zu placieren. Dadurch wird das Mut machende *Kopf hoch!* widersinnig. Aber Kinder wissen: So baut man keinen Schneemann.

In anderen Karikaturen Bofingers durchdringen sich Medienkritik und Medienbewunderung.

Abb. 49
Barbara Henniger
Ledalein, sag, dass du mich nicht nur des GELDES wegen willst!
2001, Feder/Pastell
28 x 22 cm

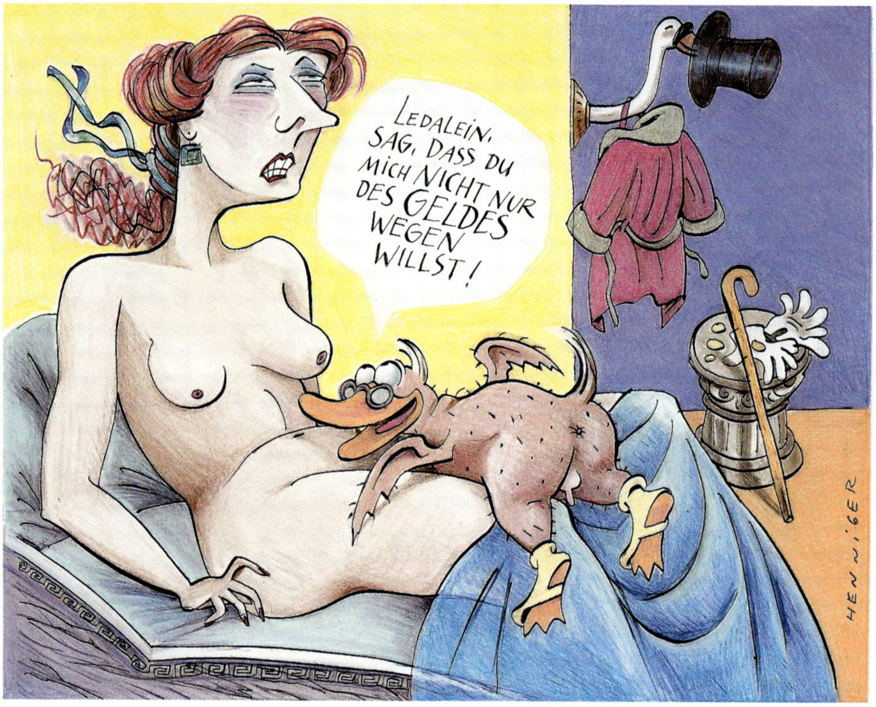

Atlas:
Träger des Himmelsgewölbes, der die Last nur einmal kurz an Herakles abgeben konnte

Kyklopen:
unkultivierte Riesen mit einem Auge auf der Stirn

Lysistrata:
Frau, die den Krieg beendete, indem sie erreichte, dass sich alle Frauen ihren Männern verweigerten

Ares/Mars:
Gott des leidvollen, zerstörenden Krieges, erst bei den Römern zur verehrten Gottheit avanciert

Da hat *Atlas*, 1992, einen Fernseher wie das Himmelsgewölbe geschultert oder ein Kyklop überwindet seine Einäugigkeit mit der Umstellung seines Gesichtssinnes auf Television mit mehreren Programmen, so dass selbst der erfindungsreiche Odysseus bewundernd ausruft: *Tolle Idee.* Abb. 51 Die Figuren sind von einer Einfachheit, die wegen ihrer souveräner Strichführung überzeugt. Oft erzielt er das Lakonische seiner Karikaturen mit dem Mittel bedeutungsperspektivisch vergrößerter Körperteile, wie die nackten Füße des *Diogenes*, vor allem aber die Hand von *Manus fidelis *) Treuhand* , 1991. Diese hat monumentale Ausmaße, die von der Wirkung bestimmt sind, weil der Imperator und Herr über Leben und Tod in der Arena der Wirtschaft mit ihr den Daumen nach unten dreht und grimmigen Blickes das Aus für Betriebe im Osten anzeigt. Abb. 52

In seiner Diogenes-Variante nimmt Reiner Schwalme das Prinzip Rückgabe vor Entschädigung auf die Schippe, indem er es auf der Trivialebene der armen Schlucker satirisch durchspielt. Aus einer Tonne mit der Aufschrift „Maier & Co" blickt ein Bärtiger, Nachfahre des anspruchslosen Diogenes. Vor ihn hin tritt der abgerissene, pleitegegangene „Alteigentümer" und sagt: *Mein Name ist Maier!* Ich beanspruche Eigenbedarf. Abb. 53 Beider Gesichtsausdruck mit den spezifisch gedrehten Augen und Gurkennasen spricht Bände und zeigt, dass Schwalme ein Meister des psychologischen Ausdrucks ist, der in einem hochkonzentrierten, doch souverän gelöst verlaufenden Strich seine Form findet.

Immer wieder nahm Reiner Schwalme Sisyphos in seinen Dienst, öfters auch Fortuna. Doch seit einiger Zeit brennt ihn besonders der Krieg auf dem Balkan. Er adaptierte Motive aus der *Lysistrata* des Aristophanes, der mitten im Peloponnesischen Krieg mit seinen Stücken ein Rufer für Frieden war. Ganz im Sinne des Dichters bezog Schwalme – gegen den Strom – seine Breitwandkarikatur auf die unmittelbare Gegenwart. Die in den Krieg ziehenden Fischer, Schröder, Scharping haben schwer am phallischen Kriegsgerät zu schleppen. Solchen Helden kann sich eine Frau des Friedens wegen nur verweigern.

„Endlich ist Krieg wieder ein Mittel der Politik", sagt in der Zeichnung von 1998 Reiner Schwalmes zufriedener Mars. Abb. 54 Sein Schild mit Stars and Stripes verleiht seiner Göttlichkeit Nationalität, mit der man auch ohne Mandat der UNO in Jugoslawien (oder sonstwo) zuschlagen kann. Da endet die Satire. Die Tragödie beginnt.

Beliebt sind Adaptionen berühmter Kunstwerke der Kunstgeschichte als Vorlage für aktuelle

Aphrodite/Venus:
Göttin der Liebe und Schönheit, aus dem Schaum des Meeres geboren, ihren Gatten Hephaistos betrog sie mit Ares, von dem sie Sohn Eros hatte

kritische Sichten beispielsweise auf Parteizustände. Peter Muzeniek ersuchte ausdrücklich Sandro Botticelli um Nachsicht, als er dessen *Geburt der Venus*, um 1485, im Jahr 2000 benutzte. Abb.55 Statt der schlanken Venus der Frührenaissance steht in der Muschel, ähnlich wie die Sägebrecht, eine barocke *Venus 2000*. Im Meer treiben schwarze Koffer und Gelder, die – wie wir wissen – illegale Spenden sind, die eine Partei verschlammt haben. Zu ihrer Rettung erwählte diese Partei eine energische Frau, die hier in der Nacktheit der politisch jungfräulichen Unschuld erscheint, also eine noch nicht korrumpierte Gestalt, und sei sie aus dem Osten, Angela Merkel, hier porträtähnlich getroffen. Mit ihr zieht ein Strahlenfächer des neuen Tages herauf, vielleicht auch ihre früheren Tage aus FDJ-Zeiten. So konkret die Karikatur auf ein Ereignis bezogen ist, so modellhaft kann sie verstanden werden. Denn aus dem Sumpf mancher Partei ist schon ein Erneuerungsheld hervorgegangen. Die Gegenwart zeigt bei Muzeniek erst einmal eine *Zumutung*, 2001, denn *Die Schlammgeborene* befindet sich nunmehr im Laokoonkampf. Abb. 56 Die Karikatur wurde frei nach der berühmten hellenistischen Gruppe gestaltet, die bei den Adaptionen obenan steht. Und in Zukunft? Vermutlich wird eine gütige Göttin für justitiable Abhilfe schaffen. Vielleicht ist sie eine Schwester der Juno Moneta, der gerechten und maßvollen Verteilerin von Geldspenden, und statt ihrer als gute Verbergerin von Geld tätig. Vielleicht erweitern ja die erfindungsreichen Karikaturisten noch den Kreis der mythologischen Gestalten um eine solche oder um eine Göttin für den Geldsinn und das Geldvermögen, eine Pecunia. Den neuen Gott „Dax" gibt es bereits. Oder sie erfinden für das Fernsehen eine Göttin der Einschaltquote, für den Handel den Gott des Konsumierens, für die Politik den der Globalisierung. In der Realität gibt es sie freilich längst und ebenso ihre Vergottung.

Laokoon:
trojanischer Priester, der mit seinen beiden Söhnen von zwei Schlangen getötet wurde, weil er seine Lanze gegen das Holzpferd der Griechen warf und die Trojaner davor warnte, es in die Stadt zu ziehen: „Ich fürchte die Danaer, auch wenn sie Geschenke bringen."

Abb. 50
Manfred Bofinger
Kopf hoch! – Leicht gesagt!!!
1990, Feder/Aquarell
24,5 x 24 cm

Abb. 51
Manfred Bofinger
Tolle Idee
1994, Feder/Aquarell
23 x 10 cm

Abb. 52
Manfred Bofinger
Manus fidelis*) Treuhand
1991, kolorierter Druck
25,5 x 21 cm

Abb. 53
Reiner Schwalme
Mein Name ist Maier!
2001, Tusche und Aquarell
29,6 x 21 cm Blattgröße

Abb. 54
Reiner Schwalme
Ein Gott ist zufrieden
1998, Faserstift
21,2 x 27,9 cm Blattgröße

Abb. 55 Peter Muzeniek, Venus 2000 – Die Schlammgeborene, 2000, Feder, Aquarell, Bleistift, Farbstift, 48 x 40 cm

Abb. 56 Peter Muzeniek, Zumutung, 2001, Feder, Auarell, Bleistift, Farbstift, 47 x 42 cm

„Ich möchte
noch einmal in Erinnerung bringen:
die Jahrhunderttausende-,
vielleicht jahrmillionenalte
eingeschliffene Menschenerfahrung
und die Gültigkeit der Mythen
weit über die Entstehungszeit hinaus,
ja vielleicht bis ans Ende
des Menschengeschlechts."
Franz Fühmann

Mythos im Blick
von Kindern
und Jugendlichen

Gabriele Roth

Mythos im Blick von Kindern und Jugendlichen

Die Zukunft sind unsere Kinder. Deshalb sollen die Zeitfolge Vergangenheit, Gegenwart, Zukunft Schülerarbeiten abschließen. Hat nicht jeder kleine Junge schon einmal davon geträumt, ein großer Held zu sein – und sei es auch nur auf dem Schulhof? So erscheint die Wahl Christians (9 Jahre) beinah zwingend, sich für die Darstellung des Heroen Herkules zu entscheiden. Lässig und elegant bekämpft sein Herkules den mächtigen Höllenhund Kerberos, den Christian mit sicherer Linienführung ins Bild setzt. Abb. 1

Wünsche und Träume, die die Faszination der antiken Mythen auch in der Gegenwart wachhalten. Es sind die spannenden Erzählungen von menschlichen Göttern, ihren Taten und Erfahrungen, die letztlich von Zeit und Ort unabhängig im menschlichen Dasein immer wiederkehren und für die man als junger Mensch auf der Schwelle zu mehr Verantwortung und Eigenentscheidung besonders sensibilisiert ist.

Kinder von 8-18 verschiedener Schularten konnten sich an der Ausstellung beteiligen, der Katalog zeigt eine Auswahl verschiedener Altersgruppen, Techniken und Themen, die im Bereich Schülerarbeiten innerhalb der Ausstellung *Mythos und Figur* gezeigt werden.

Die Geschichten bleiben – anders die künstlerischen Ausdrucksmöglichkeiten – wie stelle ich meinen Helden dar?

Wie eine Sciencefictionfigur mutet der hundertäugige Wächter Argos in Ricardos (11 Jahre) Zeichnung an. Abb. 2 Sein Platz für die Augen reicht Ricardo kaum, darum ist sein Argos bedrohlich mit ausladenden Tentakeln ausgestattet, so dass von ihm nicht nur jeder Punkt zu sehen ist, sondern auch erreichbar scheint.

Mitfühlend drückt Jane (11Jahre) die spannungsvolle Beziehung zwischen Zeus, Sisyphos und Sisyphos' Gemahlin aus. Abb. 3 Als Mädchen ist ihr auch das soziale Umfeld einer Figur bedeutsam.

Susanne (14 Jahre) nutzt die Technik des Linolschnitts, um mit Hell-Dunkel-Kontrast in einer erzählenden Weise den entscheidenden Moment kurz vor dem Sieg Perseus über die gefährliche Medusa zu zeigen. Abb. 4

Das ganze Format ausspannend, mit dynamischer Linienführung und feinen Farbnuancen stellt Martin (13 Jahre) die ergreifende Szene dar, als die böse Dirke im Auftrag Antiopes aus Rache zu Tode geschleift wird. Abb. 5

Angeregt durch Comics und Pop-Art zeigt Nicole (16 Jahre) in sicherer Komposition das Schicksal des Prometheus. Abb. 6 Die Brutalität der Handlung erscheint teilnahmslos banal, dennoch ästhetisch – dem heutigen Zeitgeschmack entsprechend.

Axel (17 Jahre) setzt sich bei der Bildumsetzung intensiv mit dem Inhalt auseinander. Gleich dem schmelzenden Wachs des Ikarus, der sich zur Sonne wagt, wählt er weiche, in sich verlaufende Farben. Abb. 7

Eine ungewöhnliche Bildfindung aus Komposition und Farbigkeit ist Tino (17 Jahre) gelungen. Sein Sisyphos versucht, sich nicht der grauen Masse anzugleichen. Abb. 8 Leichtfüßig und in leuchtenden Farben gemalt ist der Sisyphos von Tino eher ein Symbol der Hoffnung als der Sinnlosigkeit.

Alle Kinder haben sich mit Freude dem antiken Thema gewidmet, vom spontan-lustvollen Gestalten bei den „Kleinen" bis zum geistigen Durchdringen bei den Älteren. Im Mittelpunkt stand dabei das Interesse am Denken und Handeln der Figuren des Mythos, die Erfolg und Misserfolg, Mut und Angst, Liebe und Eifersucht, Glück und Mühsal, Ehrlichkeit und List, Hilfe und Rache zeitlos verkörpern – all diese zutiefst menschlichen Eigenschaften, die gerade junge Menschen auf dem Wege ins Erwachsenwerden beflügeln und verwundern, sie anregen, sich mit sich selbst und ihrer Umwelt auseinanderzusetzen.

Abb. 1
Christian Sipp, 9 Jahre
Herkules bezwingt den Kerberos
Museumspädagogik Schlossmuseum

Abb. 2
Ricardo Neuburger, 11 Jahre
Argos
Gustav-Freytag-Gymnasium Gotha

Abb. 3
Jane Michel Herrmann, 11 Jahre
Die Frau des Sisyphos
Gymnasium Ernestinum Gotha

Abb. 41
Susanne Müller, 14 Jahre
Perseus und Medusa
Arnoldi-Gymnasium Gotha

Abb. 5
Martin Reinhardt, 13 Jahre
Rache der Antiope an Dirke
Museumspädagogik Schlossmuseum

Abb. 6
Nicole Bause, 16 Jahre
Prometheus
Gymnasium „Am Körnberg" Friedrichroda

Abb. 7
Axel Richter, 17 Jahre
Ikarus
Gustav-Freytag-Gymnasium Gotha

Abb. 8
Tino Scharke, 17 Jahre
Sisyphos
Gustav-Freytag-Gymnasium Gotha

ANLAGE

Literatur
ANTIKEN UND MYTHOS

Boardman, John: Schwarzfigurige Vasen aus Athen, Mainz 1974.

CVA - Rohde, E.: Corpus Vasorum Antiquorum 29, Gotha Schlossmuseum Bd. 1 1964, Bd. 2 1968.

Inventarium über die Kunst Cammer 1657/1672.

Koch, Guntram und Sichtermann, Hellmut: Römische Sarkophage, München 1982.

Von der Kunstkammer zum Museum. Plastik aus dem Schlossmuseum Gotha/DDR. Ausstellungskatalog, Duisburg 1987.

Wallenstein, Uta: Antike im klassizistischen Ambiente – die griechisch-römische Sammlung im Schlossmuseum Gotha, in: Antikenrepräsentation in der heutigen Zeit – zwischen Tradition und Zukunft, Leipzig 1994.

Wallenstein, Uta: Gotha/Schlossmuseum, in: Neuer Pauly, Rezeptions- und Wissenschaftsgeschichte, Stuttgart 2000.

Literatur
HISTORISCHE RÄUME DES BAROCK

Baier-Schröcke, Helga: Der Stuckdekor in Thüringen vom 16. bis zum 18. Jh., Akademie-Verlag, Berlin 1968.

Singer, Hans-Wolfgang: Allgemeines Künstler-Lexikon, 4 Bde. Frankfurt/a. M., 1898.

Hirth, A.: Bilderbuch für Mythologie, Archäologie und Kunst 2 Hefte mit Kupfern, Berlin 1805 und 1816.

Findeklee, Ch. W.: Mythologie der Griechen und Römer. Zur belehrenden Unterhaltung für Töchter aus den gebildeten Ständen, 2. vermehrte und verbesserte Auflage, Zullichau 1834.

Literatur
MEDAILLEN DES BAROCK UND KLASSIZISMUS

Wohlfahrt, C.: Christian Wermuth - ein deutscher Medailleur der Barockzeit. – London1992.

Pick, B.: Die Arbeiten des Stempelschneiders Ferdinand Helfricht in: Mitteilungen der Vereinigung für Gothaische Geschichte und Altertumsforschung. Gotha 1916.

Matzke, M.: Antikenrezeption am Beispiel der Münzen Karls des Großen, in: Geldgeschichtliche Nachrichten 118 (1996), S. 264 ff.

Bischoff, F.: Fortuna und Felicitas, in: Geldgeschichtliche Nachrichten 118 (1987), S.71 ff.

Bischoff, F.: Fama, in: Geldgeschichtliche Nachrichten 110 (1985), S. 269 ff.

Bischoff, F.: Spes, in: Geldgeschichtliche Nachrichten 24 (1998), S.14 ff.

Oxfordt, J. B.: Nicolaus Seeländer (1682-1744), in: Geldgeschichtliche Nachrichten, 139 (1990), S.273 ff.

Tentzel, W.E.: Saxonia Numismatica: Ernestinische Linie. Band 2. Reprint der Auflage von 1714.- Berlin, 1982.

Lucke, R.-G.: Geschichte des Münzkabinettes Gotha.– Diss. 1966.

Literatur
PLASTIK

Hiller, Stefan: Bellerophon. Ein griechischer Mythos in der römischen Kunst. München 1970.

Hirschfeld, Christian Cay Lorenz: Theorie der Gartenkunst. 5 Bde. Leipzig 1779-85, Bd. 4.

Larsson, Lars Olof: Adriaen de Vries. Adrianvs Fries Hagiensis Batavus 1545-1626. Wien/München 1967, S. 84.

Schuttwolf, Allmuth: Sammlung der Plastik. Gotha: Schloßmuseum 1995, S. 103-105.

Schuttwolf, Allmuth, in: Art in Rome in the Eighteenth Century, hrgs. von Edgar Peters Bowron und Joseph J. Rishel, Philadelphia: Philadelphia Museum of Art 2000, Ausst.Kat., Nr. 129.

Winckelmann, Johann [Joachim]: Geschichte der Kunst des Alterthums. Dresden 1764.

Literatur
GRAFIK

Bartsch, Adam von: Le Paintre-Graveur, 21 Bde., Wien 1808-21.

Findeklee, Dr. Ch. W.: Mythologie der Griechen und Römer, Zur belehrenden Unterhaltung für Töchter aus den gebildeten Ständen, 2. vermehrte und verbesserte Auflage, Zullichau 1834.

Graphische Sammlungen der Albertina, Die Kunst der Graphik VI, Rembrandt, Wien 1971.

Heller, Joseph: Lucas Cranachs Leben und Werke, 2. Auflage, Nürnberg 1854.

Hirth, A.: Bilderbuch für Mythologie, Archäologie und Kunst, 2 Hefte mit Kupfern, Berlin 1805 und 1816.

Katalog, Gotteswort und Menschenbild, Werke von Cranach und seinen Zeitgenossen, Schlossmuseum Gotha/Forschungs- und Landesbibliothek Gotha, Gotha 1994.

Singer, Hans-Wolfgang: Allgemeines Künstler-Lexikon, 4 Bde. Frankfurt/a. M., 1898.

Literatur
KUNSTHANDWERK

Antiquités étrusques, grecques et romaines. Tirèes du cabinet de M. Hamilton envoyè extraordinaire et plenipotentiaire de S. M. Britannique en Cour de Naples. 4 Bde. Neapel und Florenz 1767-1776.

Däberitz, Ute: Gothaer Porzellan des 18. Jahrhunderts. Ein Ausstellungs- und Bestandskatalog des Schlossmuseums Gotha. Gotha 1995.

Däberitz, Ute: „Nach Hamiltons bekanntem Werke". Gothaer Porzellane „à l'étrusque". In: 1768. Europa à la grecque, Vasen machen Mode. Ein Lesebuch zur Ausstellung. Archäologische Sammlung der Universität Freiburg i. Br., München 1999, S. 83-91.

Klebe, Albert: Gotha und die umliegende Gegend. Gotha 1796.

Von der Kunstkammer zum Museum. Plastik aus dem Schlossmuseum Gotha/DDR. 9. Mai bis 28. Juni 1987. Ausstellung der Museen der Stadt Gotha – Deutsche Demokratische Republik – im Wilhelm-Lehmbruck-Museum der Stadt Duisburg. Gotha/Duisburg 1987.

Literatur
MALEREI

El-Himoud-Sperling, Inge: Das Urteil des Paris. Studien zur Bildtradition des Themas im 16. Jahrhundert. Diss. München 1977, S. 22-63, 71-75.

Engelschall, Joseph Friedrich: Johann Heinrich Tischbein, ehem. Fürstlich-Hessischer Rath und Hofmaler, als Mensch und Künstler dargestellt, nebst einer Vorlesung von W.J.C.G. Casparson, Nürnberg 1797, in Johann Heinrich Tischbein d. Ä. 1722-1789, hrsg. Staatliche Kunstsammlungen Kassel und Stadtsparkasse Kassel 1989, S. 127.

Herzog, Erich: Biographie, in: Tischbein, Anm. 8, S. 40-50.

Hinz, Berthold: Sinnwidrig zusammengestellte Fabrikate? Zur Variantenpraxis der Cranach-Werkstatt, Ausst.Kat. Kronach 1994.

Koepplin, Dieter und Tilman, Falk: Lucas Cranach. Gemälde Zeichnungen, Druckgraphik, 2 Bde., Basel/ Stuttgart 1974, 1976, S. 613 ff.

Matsche, Franz: Lucas Cranachs mythologische Darstellungen, in: Lucas Cranach. Ein Maler-Unternehmer aus Franken, hrsg. von Claus Grimm, Johannes Erichsen, Evamaria Brockhoff, Festung Rosenberg, Kronach, Ausst.Katalog 1994, S. 77-88.

Schade,Werner, in: Gotteswort und Menschenbild. Werke von Cranach und seinen Zeitgenossen. Gotha: Schloßmuseum Gotha u. Forschungs- und Landesbibliothek Gotha, Ausst.Kat. 1994, Nr. 1.6.

Literatur
ZUR MYTHOLOGIE UND MYTHOSREZEPTION
(Auswahl)

Aischylos: Die sieben Tragödien, Leipzig 1967.

Andreae, Bernard: Odysseus. Mythos und Erinnerung. Katalog der Ausstellung in München, Mainz 1999.

Antike(n) – auf die Schippe genommen. Bilder und Motive aus der Alten Welt in der Karikatur, Mainz 1998.

Apollodors Mythologische Bibliothek. Die griechische Sagenwelt, Leipzig 1988.

Arlt, Peter: Das Urteil des Paris. In: Das Urteil des Paris in der bildenden Kunst der DDR. Ausstellungskatalog, Gotha 1986.

Arlt, Peter: Der Hirt und die drei schönen Göttinnen. Griechische Sagen im Spiegel der Kunst. Berlin 1987. 3. A.

Arlt, Peter: Antikerezeption in der bildenden Kunst der DDR., Diss. B (Habilschrift), Erfurt 1987.

Arlt, Peter: Prometheus im Labyrinth. Mythos und politische Symbolik in der bildenden Kunst der DDR. In: Zeitschrift für Politische Psychologie, 1994, Heft 2, S. 145-174.

Barthes, Roland: Mythen des Alltags. Frankfurt am Main 1964.

Bees, Robert: Das Feuer des Prometheus. In: Prometheus. Mythos der Kultur, München 1999.

Benz, Richard: Wandel des Bildes der Antike in Deutschland. München 1948.

Burkert, Walter: Mythos und Mythologie. In: Propyläen. Geschichte der Literatur, Bd. 1, Die Welt der Antike. Berlin 1988.

Buschor, Ernst: Die Musen des Jenseits, München 1944.

Die Verführung der Europa. Katalogbuch, Berlin 1988.

El-Himond-Sperlich, Inge: Das Urteil des Paris. Studien zur Bildtradition des Themas im 16. Jh. Diss. Univ. München 1977.

Emmerling-Skala, Andreas: Bacchus in der Renaissance. 2 Bde., Hildesheim 1994.

Fietz, Waldemar: Sagen der Römer. Leipzig 1979.

Fühmann, Franz: Irrfahrt und Heimkehr des Odysseus ... und andere Erzählungen, Rostock 1980.

Fühmann, Franz: Das mythische Element in der Literatur. In: Essays, Gespräche, Aufsätze; 1964-1981. Rostock 1983.

Gerhard Marcks und Griechenland. Katalog, Starnberg 1979.

Gerhard Marcks und die Antike. Katalog, Bremen 1993.

Gottschalch, Wilfried: Geschlechtermythen über Sexualität und Herrschaft. In: Moderne Mythen – Mythen der Moderne, Universität Hamburg 1990.

Graevenitz, Gerhart von: Mythos. Zur Geschichte einer Denkgewohnheit. Stuttgart 1987.

Haas, Eberhard: Orpheus und Eurydike. Vom Ursprungsmythos des Trauerprozesses. In: Jahrbuch der Psychoanalyse. Bd. 26, Verlag fromannholzboog 1990.

Hentzen, Alfred: Der antike Mythos in der neuen Kunst. Ausstellungskatalog der Kestner-Gesellschaft, Hannover 1950.

Hesiod: Theogonie. In: Sämtliche Werke. Leipzig 1965.

Hofmann, Werner: Zauber der Medusa. Europäische Manierismen, Wien 1987.

Hohmann, Walter: Antike Mythologie im Schaffen von DDR-Autoren. In: Wiss. Zs. PH Erfurt/Mühlhausen (GSR), 24. Jg., 1987, Heft 3.

Homer: Werke. Bibliothek der Antike. 2 Bde. Berlin und Weimar 1976. 2.A.

Hunger, Herbert: Lexikon der griechischen und römischen Mythologie mit Hinweisen auf das Fortwirken antiker Stoffe und Motive in der bildenden Kunst, Literatur und Musik des Abendlandes bis zur Gegenwart, Wien 1988. 8.A.

Ikarus. Ausstellungskatalog. Magdeburg 1981.

Ikarus. Ausstellungskatalog. Berlin (West) 1985.

Jünger, Friedrich Georg: Apollon – Pan – Dionysos. Frankfurt/M. 1943.

Jürß, Fritz: Das Prometheus-Symbol bei Goethe und Marx. In: Das Altertum, Berlin, 29.Jg., 1983, H.2

Jürß, Fritz: Vom Mythos der alten Griechen. Deutungen und Erzählungen, Leipzig 1988 (RUB 1230).

Kerényi, Karl: Prometheus. Die menschliche Existenz in griechischer Deutung, Hamburg 1959 (rororo 95).

Kerényi, Karl: Die Mythologie der Griechen. 2 Bde. München, Bd. I, 1988, 11.A.; Bd. II, 1987, 9.A.

Kerényi, Karl: Dionysos. Urbild des unzerstörbaren Lebens, Stuttgart 1994.

Lexikon der Antike. Hrsg. Johannes Irmscher. Leipzig 1977. 2.A.

Lexikon der Kunst. 7 Bde. Leipzig 1987-1994.

Lukian: Werke. Bibliothek der Antike. 3 Bde. Berlin und Weimar 1974.

Moritz, Karl Philipp: Götterlehre. Leipzig 1989. 4.A.

Müller, Reimar: Sozialistische Antikerezeption. In: Das Altertum, 23 (1977) Heft 2.

Mythos Europa: Europa und der Stier. Katalog zur Ausstellung. Hrsg. von Siegfried Salzmann. Bremen 1988.

Nedosivin, G. A.: Sud'ba anticnogo nasedia v iskusstve XX veka. In: Anticnost' v evropejskoj zivopisi, Moskva 1982.

Oppermann, Hans: Die Antike in Literatur und Kunst der Gegenwart. In: Der altsprachliche Unterricht. 10 (1956), S. 40-76. Wiederabdruck in: Humanismus, hrsg. von Hans Oppermann, Darmstadt 1970.

Orlowsky, Ursula und Rebekka: Narziß und Narzißmus im Spiegel von Literatur, Bildender Kunst und Psychoanalyse. München 1992.

Otto, Walter F.: Die Götter Griechenlands, Frankfurt am Main 1987. 8. A.

Otto, Walter F.: Dionysos. Mythos und Kultus, Frankfurt am Main 1989. 5. A.

Ovid: Metamorphosen. Leipzig 1971.

Panofsky, Erwin: Hercules am Scheideweg und andere antike Bildstoffe in der neueren Kunst, Leipzig, Berlin 1930.

Pegasus und die Künste. Hrsg. von Claudia Brink und Wilhelm Hornbostel, München 1993.

Picasso und die Antike. Katalog, Karlsruhe 1974.

Raum, Hermann: Kassandra in der Nische. „Kritische Kunst" in der DDR. In: Kunst in der DDR, Köln 1990.

Riedel, Volker: Wandlungen des Prometheus-Bildes. In: Deutschunterricht, Berlin 1997, Heft 7/8.

Roscher, Wilhelm Heinrich: Ausführliches Lexikon der griechischen und römischen Mythologie. Bde. 1-6, Leipzig und Berlin 1884/86-1937.

Röttgen, Herwarth: Daedalus und Ikarus – Kritische Berichte. Gießen 1984, Heft 2 u. 3.

Schwab, Gustav: Die schönsten Sagen des klassischen Altertums. In zwei Bänden. Leipzig 1977. 6.A.

Sello, Gottfried: Ovid und die Maler. Artikelserie in der Zs. art, Hefte 7, 9, 11/1990, 1, 3, 5/1991.

Vollmer: Wörterbuch der Mythologie aller Völker. Neu bearbeitet von W. Binder. Stuttgart 1874. Fotomechanischer Neudruck der Originalausgabe, Leipzig 1979.

Walther, Angelo: Von Göttern, Nymphen und Heroen. Die Mythen der Antike in der bildenden Kunst, Leipzig 1993.

Wolf, Christa: Kassandra, Berlin und Weimar 1983.

Yalouris, Nikolas: Pegasus. Ein Mythos in der Kunst, Mainz 1987.

Zuchold, Gerd-H.: Das Erbe der Antike – weder „trocken" noch „verstaubt". In: Kunsterziehung, 27 (1980) Heft 9.

Weitere Literatur

Baraniewski, Waldemar: figuren und maschinen. In: Hartmut Bonk. Chimära. Plastik, Malerei, Zeichnung. Katalog der Ausstellung in Cottbus, Halle, Berlin, Dresden 1994.

Benjamin, Walter: Gesammelte Schriften. Bd. I, 2, Frankfurt am Main 1980.

Bialostocki, Jan: Stil und Ikonographie, Dresden 1966 (Fundus 18).

Bialostocki, Jan: Skizze einer Geschichte der beabsichtigten und der interpretierenden Ikonographie. In: Bildende Kunst als Zeichensystem, Köln 1984.

Bourdieu, Pierre: Zur Soziologie der symbolischen Formen. Frankfurt am Main 1983, 2.A. (stw 107).

Eckermann, Johann Peter: Gespräche mit Goethe in den letzten Jahren seines Lebens, Berlin und Weimar 1982.

Fest, Joachim: Das nie endende Menetekel der Geschichte. In: Bernhard Heisig. Bilder aus vier Jahrzehnten. Katalogbuch, Köln 1998, S. 192.

Förster, Wieland: Begegnungen. Tagebuch, Gouachen und Zeichnungen einer Reise in Tunesien, Berlin 1974.

Förster, Wieland: Autobiographische Notizen. In: Wieland Förster. Katalog, Dresden 1998.

Goethe Handbuch. Band 4/1. Personen. Sachen. Begriffe. A-K. Hrsg. von Hans-Dietrich Dahnke und Regine Otto. Begriff „Antike", bearbeitet von Volker Riedel, Stuttgart/Weimar o.J. (Sonderdruck 1998).

Heisig, Bernhard: Referat auf der 8. Tagung des Zentralvorstandes des VBK-DDR. In: Zs. Bildende Kunst, Heft 6, 1981.

Held, Jutta ; Schneider, Norbert: Was leistet die Kulturtheorie von Norbert Elias für die Kunstgeschichte? In: Kunstwiss. Beiträge 14, Beilage zur Zs. Bildende Kunst, Berlin 1982, Heft 9.

Holle: Kunstgeschichte, Erlangen 1989.

Holzkamp-Osterkamp, Ute: Grundlagen der psychologischen Motivationsforschung 2, Frankfurt am Main; New York 1978. 2. A..

Koch, Ditte: Dagmar Ranft-Schinke, Karl-Marx-Stadt 1987.

Kuhn, Jörg: Hans Scheib. Bronzen 1986-98, Schwetzingen 1999.

Kuhrt, Rolf: Was mich angeht. In: Rolf Kuhrt. Grafik. Malerei. Illustration. Katalog, Leipzig 1986.

Laplanche, J. und Pontalis, J. B.: Das Vokabular der Psychoanalyse, Frankfurt am Main 1989. 9. A. (stw 7).

Marx, Karl: Der achtzehnte Brumaire des Louis Bonaparte. In: Mark Engels Werke, Bd. 8, Berlin 1960.

Marx, Karl: Einleitung [zur Kritik der politischen Ökonomie]. In: Marx Engels Werke, Bd. 13, Berlin 1961.

Mieth, Dietmar: Ethik angesichts der Beschleunigung der Biotechnik. In: Das Parlament, Beilage 33-34, 2000.

Moore, Henry: Eine Retrospektive zum 100. Geburtstag. Hrsg. von Wilfried Seipel, Wien 1998.

Möbius, Friedrich: Wägende Gruppierung als Gleichnis feudaler Herrschaftsstruktur. Beobachtungen zum Analogieschluß in der Kunstgeschichte. In: Skulptur des Mittelalters, Weimar 1987.

Neumann, Erich: Die Grosse Mutter. Eine Phänomenologie der weiblichen Gestaltungen des Unbewußten, Zürich und Düsseldorf 1997.

Nietzsche, Friedrich: Also sprach Zarathustra. Leipzig o. J. (Reclam UB 7111-7113).

Petri, Walther: Auf die Farbe der Erde geschrieben. In: Peter Hoppe. Dionysos – Bacchus, Berlin 1996.

Pigler, Andor: Barockthemen. 2 Bde., Budapest; Berlin 1956.

Ranft-Schinke, Dagmar: ?Bilderwelten Scheinwelten?, Chemnitz 1996.

Rodin. Genius Rodin, Eros und Kreativität. Katalogbuch. Hrsg. von Rainer Crone und Siegfried Salzmann, München 1991.

Schiller. Werke in vier Bänden. 3. Bd., Leipzig 1962.

Schneider, Michael: Ich habe soviel in dich investiert. 100. Geburtstag Erich Fromms. In: Zs. Freitag 13, 24. 3. 2000, S. 17.

Schönemann, Heinz: Horizontale und vertikale Expansion im Werk Wieland Försters. In: Wieland Förster. Katalog, Berlin 1980.

Wolf, Konrad: Erste Gedanken nach einem Atelierbesuch. In: Wieland Förster. Katalog, Berlin 1980.

Zemter, Wolfgang (Hrsg.): Hans Scheib Figur, Schwetzingen 1999.

Hartmut Bonk

Plastiken

Der müde Herakles, 1992, Papiermaché
275 x 250 x 175 cm *Abb. 23*

Der gestützte Atlas, 1992, Papiermaché
300 x 160 x 90 cm

Mit Rad -IXION, 1992, Papiermaché,
265 x 150 x 100 cm *Abb. 7*

IXION, 1996, Bronze, 55 cm

Bomarzo, 1993, Bronze, 85 x 80 x 40 cm

Malerei

Gaia, 1993, Öl auf Leinwand
250 x 140 cm *Abb. 1*

Bärbel Dieckmann

Plastiken

Kykloptaurus, 2001
Stuck, Höhe ca. 125 cm *Abb. 12*

Portal zum Theseusmythos, 1989
Stuck, bemalt Höhe 215 cm, zweiteilig *Abb. 11*

Silen, 1993, Bronze, Höhe 173 cm *Abb. 15*

Schiffbrüchiger Odysseus, 1990,
Stuck, Höhe 60 cm, Länge 116 cm

Europa, 1994, Bronze, 56 x 90 x 60 cm

Schiff der untergegangenen Mythen
Bronze (Eisenrohr), Höhe 168 cm

Minotauria, 1996, Stuck
Höhe 110 cm , Breite 85 cm *Abb. 13*

Kleine Figuren

Atlas, 2000, Bronze, Edelstahlkugel
Höhe 28,5 cm

Harpyie, 2000, Bronze, Höhe 25,5 cm

Minotaurus-Idol, 1998, Bronze
30,5 x 8 x 8 cm

Minotauria, 1999, Bronze
Höhe 35 cm

Minotauria mit Baum, 1998
Terrakotta, 23 x 13 x 15 cm

Wilfried Fitzenreiter

Medaillen

Hermes und Apoll, 1991, Bronze
Durchmesser 5,0 cm, einseitig

Passend machen, 1991, Bronze
Durchmesser 7,7 cm, einseitig

Prometheus formt den Menschen,
1992, Bronze, Durchmesser 5,5 cm
einseitig, aus der Prometheus-Serie *Abb. 2*

Prometheus wird an den Felsen genagelt
1992, Bronze, Durchmesser 5,7 cm
einseitig, aus der Prometheus-Serie

Herakles schießt den Adler
1992, Bronze, Durchmesser 5,9 cm
einseitig, aus der Prometheus-Serie

Herakles und der befreite Prometheus
1992, Bronze, Durchmesser 5,5 cm
einseitig, aus der Prometheus-Serie

Startender Ikaros, 1992, Bronze
Durchmesser 5,4 cm, einseitig *Abb. 39*

Gestürzter Ikaros, 1993, Bronze
Durchmesser 8,0 cm, einseitig

Wozu?, 1997, Bronze,
Durchmesser 5,45 cm, einseitig
(Neujahrsgruß 1998) *Abb. 25 a*

Nicht verzweifeln, 1996, Bronze
Durchmesser 5,9 cm, einseitig
(Neujahrsgruß1997) *Abb. 25 b*

Herkules und die Hydra,1998, Bronze
Durchmesser 6,1 cm, einseitig

Was bringts – Frag die Sphinx, 1999
Bronze, Durchmesser 5,0 cm, einseitig
(Neujahrsgruß 2000)

Wälzt ihr mal, 1999, Bronze
Durchmesser 4,9 cm, einseitig
(Neujahrsgruß 2000)

Wie spät ist es?, 2000, Bronze
Durchmesser 5,4 cm, einseitig

Apoll kann auch anders, 2000, Bronze
Durchmesser 5,2 cm, einseitig
(Neujahrsgruß 2001)

Wieland Förster

Plastiken

Mittlere Daphne I, 1995,
Bronze, Höhe 90 cm *Abb. 44*

Marsyas – Jahrhundertbilanz, 1999
Bronze, Höhe 221 cm *Abb. 33*

Zeichnungen

Daphne I, 1996, farbige Ölkreiden
46,0 x 31,0 cm

Daphne II, 1996, farbige Ölkreiden
46,0 x 31,0 cm *Abb. 42*

Daphne IV, 1996, farbige Ölkreiden
36,0 x 31,0 cm *Abb. 43*

Bernd Göbel

Plastiken

Ikarus II, 1992, Bronze, Höhe 52 cm *Abb. 35*

Ikarus IV, 1992, Bronze, Höhe 72 cm *Abb. 36*

Ikarus V, 1992, Bronze, Höhe 38 cm *Abb. 37*

Kleiner Ikarus V, 1999, Bronze, Höhe 32 cm *Abb. 38*

Grafiken

Sisyphos, 1995, Holzschnitt, 10,5 x 30,8 cm *Abb. 26*

Ixion, 1999, Holzschnitt, 10,9 x 31,2 cm

O.T., 2000, Holzschnitt, 10,8 x 31 cm *Abb. 10*

Peter Hoppe

Gemälde

Echo und Narziss, 1999
Öl/Tempera auf Leinwand
140 x 170 cm *Abb. 17*

Orpheus verletzt, 1993,
Öl/Tempera auf Leinwand
120 x 100 cm *Abb. 19*

Danae III, 1999
Öl/Tempera auf Leinwand
80 x 90 cm *Abb. 34*

Gouachen

Danae 24, 1999, Gouache auf Papier
57 x 78 cm

Danae 18, 1999, Gouache auf Papier
65 x 84 cm

Ithaka 2, Odysseus retour, 1997
Gouache auf Papier, 66 x 94 cm

Ithaka 3, Odysseus Heimkehr, 1997
Gouache auf Papier, 68 x 95 cm

Zeichnungen
aus der Suite Dionysos-Bacchus

Nymphe tanzt für Bacchus, 1996,
Pinselzeichnung, Tusche/Tempera
auf carta greggia toscana
42,5 x 60 cm

Bacchus, 1996, Pinselzeichnung
Tusche/Tempera
auf carta greggia toscana
42 x 61 cm

Naxos-Dionysos+Ariadne, 1996
Pinselzeichnung, Tusche/Tempera
auf carta greggia toscana
43,5 x 60,5 cm *Abb. 14*

Druckgrafik

Orpheus und die Mänaden, 1994
Kaltnadel/Aquatinta auf Bütten (1/3)
24 x 32 cm (Bildgröße),
38,5 x 53 cm (Blattgröße)

Trauer um Orpheus, 1994
Kaltnadel/Aquatinta
auf Bütten, 2. Andruck (1/1)
25 x 32,5 cm (Bildgröße)
39 x 53 cm (Blattgröße)

Orpheus und Eurydike 2, 1994,
Aquatinta/Kaltnadel auf Bütten (3/3)
24,7 x 32 cm (Bildgröße)
39 x 53 cm (Blattgröße)

Rolf Kuhrt

Skulpturen

Fundsache Marsyas, 1995
Nußbaumholz, Höhe 1,20 m *Abb. 32*

Haut der Kassandra, 1997/98
Kirschholz, ca. 78 x 54 cm
(Sammlung Stadler, Frankfurt/M.)

Gebt mir meine Blindheit wieder
2000/2001, Eichenholz, Höhe 2,60 m *Abb. 28*

Verhüllte Kassandra, 2001
Eichenholz, Höhe 1,60 m *Abb. 29*

Zeichnungen

Studie zu: Haut der Kassandra, 1995
Öl auf Papier, 105 x 75 cm *Abb. 27*

Versuch einer Auferstehung, 1996
Öl auf Papier, 105 x 75 cm

Studie zu: Verhüllte Kassandra, 2001
Kohle, 105 x 75 cm

Ronald Paris

Gemälde

Marsyas, Apollon und die Skythen, 1994
Fassung II, Gouache auf Fabriano Karton
134 x 95 cm *Abb. 30*

Prometheus, der Empörer
nach Heiner Müllers Prometheus Text
2001, Gouache auf Fabriano Karton
140 x 100 cm *Abb. 22*

Der resignierende Sisyphos
2001, Gouache auf Fabriano Karton
140 x 100 cm *Abb. 24*

Dagmar Ranft-Schinke

Malerei

Traum, 1994, Mischtechnik
(Acryl/Aquarell) auf Leinwand
100 x 80 cm *Abb. 4*

Zeichnungen

Die letzten Zentauren II, 1992,
Tusche/Aquarell, 102 x 73 cm

Traum des Pferdes II, 1992,
Tusche/Aquarell, 102 x 73 cm

Geburt des neuen Pegasus,1993
Mischtechnik (Aquarell/Acryl)
auf Papier, 102 x 75 cm *Abb. 5*
(Privatsammlung)

Metamorphosen VII, 1994,
Tusche/Aquarell auf Japanpapier
93 x 63 cm *Abb. 8*

Grafiken

Frühling des Pan, 1994,
aquarellierte Lithographie,
61 x 48 cm (Stein)

Crazy world, 1994,
aquarellierte Radierung
24 x 14,5 cm (Platte)

Der Teich, 1995, aquarellierte Radierung
24 x 32 cm (Platte)

NANO, II, 1998, Kaltnadelradierung
32 x 25 cm (Platte)

Traumlabyrinth oder Rätsel
1995, aquarellierte Kaltnadelradierung
16 x 12 cm (Platte) *Abb. 9*

Zauberlehrling, 1997/98,
aquarellierte Kaltnadelradierung,
16 x 12 cm (Platte)

Plastisches Objekt

Pegasus, 2001, Stahldraht
42 x 45 x 30 cm

Walter Sachs

Zeichnungen

Trauriger Centauer, 1992
Pinsel, Tusche, 70 x 49 cm (Blattgröße) *Abb. 6*

Herkules und Harpyie, 1993
Pinsel, Tusche
78,5 x 104 cm (Blattgröße)

Leda, 1994, Pinsel, Tusche
49 x 70 cm (Blattgröße)

Aktäon kommt zurück, 1994
Pinsel, Tusche, 35 x 49 cm (Blattgröße)

Drei Musen, 1994, Pinsel, Tusche
70 x 100 cm (Blattgröße)

Andromedas Befreiung, 1995
Pinsel, Tusche, 70 x 49 cm (Blattgröße)

Duett, 1995, Pinsel, Tusche
49 x 70 cm (Blattgröße)

Pan und Echo, 1995, Pinsel, Tusche
70 x 49 cm (Blattgröße)

Daphne I,
1995, Pinsel, Tusche
70 x 49 cm (Blattgröße)

Daphne II,
1995, Pinsel, Tusche
70 x 49 cm (Blattgröße) *Abb. 40*

Skulpturen

Daphne, 1995, Pikrit
76,3 x 18 c 14 cm *Abb. 41*

Sirene, 1995, Knotenkalk
52 x 43 x 43 cm

Kleiner Pan, 1998, Travertin
43,5 x 32 x 16,5 cm *Abb. 16*

Marsyas, 2001, Roter Jaspis, geadert
42 x 33 x 24 cm *Abb. 31*

Sabine-C. Sauermilch

Installation

Ebenbilder, 2001
Videoprojektion/Tonfiguren,
ca. 200 x 200 x 200 cm *Abb. 3*

Hans Scheib

Skulpturen

Euphorion, 2000, Bronze/Ölfarbe
50 x 33 x 23 cm *Abb. 18*

Phaethon, 5-teilig,
1999, Bronze/Farbe/Edelstahl
270 x 400 x 800 cm *Abb. 20*

Io, 1988, Holz/Farbe/Stahl
240 x 115 x 200 cm *Abb. 2 (Einleitung)*

Manfred Bofinger

Karikaturen

Laokoongruppe mit Freßkette
1990, Feder/Aquarell
23,5 x 22 cm

Kopf hoch! – Leicht gesagt!!!
1990, Feder/Aquarell
24,5 x 24 cm *Abb. 50*

Manus fidelis*) Treuhand
1991, kolorierter Druck
25,5 x 21 cm *Abb. 52*

Buchseite aus
„Haps! Das Menschenfresser-Buch"
Eichborn-Verlag, 1994, Feder/Aquarell
29,7 x 21 cm

Atlas
1992, Feder/Aquarell, 26 x 20,5 cm

Tolle Idee!
1994, Feder/Aquarell, 23 x 10 cm *Abb. 51*

Lukullische Bibliophilie
1999, kolorierte Kopie, 29,7 x 21 cm

Diogenes,
1992, Feder/Aquarell, 16,7 x 21,7 cm

Barbara Henniger

Karikaturen

Er liebt mich – er liebt mich nicht –
er liebt mich...!, 2001, Feder/Pastell
20,5 x 18 cm Bildgröße, 32 x 25 cm Blattgröße

o.T., 2001, Feder/Pastell, 16 x 15 cm Bildgröße
32 x 25 cm Blattgröße

Dumme Gans! Ich BIN Zeus! 1997/2001
Feder/Pastell, 23 x 21 cm Bildgröße
35 x 25 cm Blattgröße

o.T., 2001, Feder/Pastell, 24 x 19,8 cm Bildgröße
32 x 25 cm Blattgröße

o.T., 2001, Feder/Pastell, 20,5 cm Bilddurchmesser
32 x 25 cm Blattgröße

Der Hintern ist ja ganz nett!, 1991, Feder
21 x 16 cm Bildgröße, 29,7 x 21 cm Blattgröße

Ledalein, sag, dass du mich nicht
nur des GELDES wegen willst!
2001, Feder/Pastell, 28 x 22 cm Bildgröße
35,3 x 28 cm Blattgröße *Abb. 49*

Ihr Zuhälter ist Staatsanwalt!
1992, Feder/Aquarell, 32 x 25 cm Bildgröße
42 x 29,7 cm Blattgröße

Team-Work, 1990, Feder/Aquarell
26 x 20 cm Bildgröße, 39,5 x 28,5 cm Blattgröße

Verein der Einsiedler e.V.
1997, Feder/Pastell, 32 x 26 cm Bildgröße
32,8 x 28,5 cm Blattgröße

Aber WIE stellt man die
DEUTSCHE SCHANDE dar?
1999, Feder/Aquarell, 41,5 x 30 cm

Unsere Praktikanten sind äußerst motiviert!
2001, Feder/Pastell, 26 x 21.2 cm Bildgröße
34 x 27 cm Blattgröße

o. T., 1991, Feder/Aquarell
40,5 x 28,7 cm *Abb. 45*

Nur eine kleine Geschlechtsumwandlung!
1999, Feder/Pastell, 30 x 25 cm Bildgröße

Euroschmaus!
1995, Feder/Pastell, 50 x 39 cm Bildgröße *Abb. 48*

o.T., 1992, Feder/Aquarell
50 x 39 cm Bildgröße

o.T., 1999, Feder/Pastell, 24,5 x 18 cm Bildgröße

Hommage á Berlin
1992, Feder/Aquarell, 41,5 x 30 cm Bildgröße

Und was frisst ihrer so?
2001, Feder/Farbstift, 23,5 x 17 cm Bildgröße

Haben Sie auch eine Traumreise gewonnen?
1998, Feder, 17,5 x 12cm Bildgröße

Peter Muzeniek

Karikaturen

Zumutung
2001, Feder, Aquarell, Bleistift, Farbstift
47 x 42 cm *Abb. 56*

Mißglückter EUROPA-Raub
1996, Feder, Aquarell, Bleistift, Farbstift
45 x 36 cm *Abb. 47*

Venus 2000 – Die Schlammgeborene
2000, Feder, Aquarell, Bleistift, Farbstift
48 x 40 cm *Abb. 55*

Reiner Schwalme

Karikaturen

Ein Gott ist zufrieden
1998, Faserstift
21,2 x 27,9 cm (Blattgröße) *Abb. 54*

O. T.
2000, Faserstift
21,0 x 29,8 cm (Blattgröße)

Der olympische Geist bei der Kontrolle
1999, Tusche und Aquarell
17,0 x 13,0 cm (Bildgröße)

Mein Name ist Maier!
2001, Tusche und Aquarell
29,6 x 21,0 cm (Blattgröße) *Abb. 53*

O. T.
1999, Tusche, Farbstift,
29,6 x 21,0 cm (Blattgröße) *Abb. 46*

Lysistrata
2000, Feder, 11,8 x 82,3 cm (Blattgröße)

68er Spätlese
2001, Faserstift, weiß gehöht
16,3 x 11,0 cm (Bildgröße)

Minotauros – 2001
2001, Feder und Aquarell
29,6 x 21,0 cm (Blattgröße)

Die Werke befinden sich, soweit nicht anders angegeben, im Besitz des Künstlers

Hartmut Bonk

THYRSOS. Ich saß im Schatten eines Pinienwäldchens gegenüber dem unvollendeten Tempel von Segesta auf Sizilien und versuchte den goldgelben ockerfarbenen Ton der Säulen zu mischen und den Klang mit dem maifrischen Grün der Wiese zu erreichen, als ein Geräusch mich aufschreckte. Neben mir kam ein aufgeplatzter reifer Pinienapfel zum Liegen. Ich trug ihn die ganze Reise mit mir und er zierte meine Schlafstätte.
Ein geschickter Gießer veredelte mir dieses Geschenk der Baumnymphen in Bronze.
Heut noch steht er auf meinem Schreibtisch. Wenn ich mit dem Schreib- oder Zeichengerät über seine Kontur fahre, klingt es wie eine Harfe und erweckt in mir Mnemosyne und Wunsch nach dem Südlichen und den glücklichen Inseln.

1939 geboren in Pulsnitz, 1961-67 Studium an der Hochschule für Bildende Künste, Dresden bei Gerd Jäger, Hans Steger, Walter Arnold, 1967 freiberufliche Tätigkeit in Hoyerswerda, 1971 freiberuflich in Dresden, 1982 Übersiedlung nach Berlin/West, 1985 Arbeitsstipendium der Stadt und des Landes Berlin, 1988 Stipendiat der Villa Serpentara in Olevano-Romano/Italien, 1988 Professur an der Hochschule der Künste Berlin, Fachbereich Architektur, lebt und arbeitet in Berlin

Personalausstellungen (Auswahl)
1974 Leonhardi-Museum, Dresden, 1977 Zentralinstitut für Genetik und Kulturpflanzenforschung, Gatersleben, 1978 Galerie Nord, Dresden, 1983 Galerie Suspekt, Amsterdam, 1990 Museum in der Galerie der Schönen Künste, Warschau, 1991 Leonhardi-Museum, Dresden, 1993 Kunstverein Bautzen, 1994 Brandenburgische Kunstsammlungen, Cottbus; Staatliche Galerie Moritzburg, Halle; Orangerie im Körnerpark, Berlin; Neuer Sächsischer Kunstverein, Ausstellung im Dresdner Schloß, 1995 St. Marien in Prenzlau, 1999 Galerie am Savignyplatz, Berlin

Ausstellungsbeteiligungen (Auswahl)
1976 Ausstellungszentrum am Fernsehturm Berlin, Kunsthalle Rostock, 1977 Biennale Antwerpen, Middelheim, 1977/78 VIII. Kunstausstellung der DDR, 1979 Albertinum Dresden, Kunsthalle Rostock, 1983 Städtisches Museum Lindau am Bodensee, 1986 Galerie am Körnerpark Berlin, 1987 Anhalter Bahnhof Berlin,1989 Berlinische Galerie Berlin, 1990/91 Albertinum Dresden, Kleine Deichtorhalle Hamburg, 1992 Staatliches Lindenau-Museum Altenburg, 1993 Neuer Sächsischer Kunstverein Leipzig, 1994 Deutsches Hygiene-Museum Dresden, 1997 Bautzener Herbstsalon, 1999 Bautzener Herbstsalon, 2000 Bautzener Herbstsalon, 2001 Schloss Cappenberg Unna

Literaturauswahl
Hartmut Bonk CHIMÄRA, in: fama, 4, Dresden 1994, Beitrag von Joscijka-Gabriele Abels.
Hartmut Bonk, Plastik-Malerei-Zeichnung, Berlin 1994, Beitrag von Waldemar Baraniewski.

Bärbel Dieckmann

Es gibt Orte, da wird die Sage lebendig. Als Kind war ich auf einem humanistischen Gymnasium, lernte dort Latein und Griechisch. Auf einer Reise nach Griechenland beeindruckte mich dort die Präsenz der alten Mythen.
In der Guggenheim Sammlung in Venedig sah ich zum erstenmal die Plastik „La Tauromachia" von Germaine Richier. Seitdem arbeite ich ebenfalls am Stierkampfmythos, vermischt jedoch mit dem antiken Mythos der Mittelmeervölker. Da ist „Silen", ein griechischer Waldgott, halb Mensch halb Tier, Gestalt des bekannten Dionysosmythos. Oder Minotauros.
Bei dem Minotauros war mir seine Ambivalenz wichtig: Einerseits ist er männlich, kräftig gebaut, andrerseits ist er das Opfer seiner Herkunft als Sohn eines Stieres und einer Frau (die sich in den Stier verliebt hat). Er wurde eingesperrt, weil die Menschen nichts mit ihm anzufangen wußten... Sein Kopf als knöcherner Schädel ist ein Ausdruck des Entsetzens, das sowohl ein Entsetzen des Einzelnen wie auch einer ganzen Schicksalsgemeinschaft sein kann.
Den Mythos stellt meine eigene Interpretation nicht in Frage - im Gegenteil, der Mythos wird doch dadurch definiert, daß er sich ständig verändert. Bei mir gibt es sogar einen „Minotauros" als Frauenfigur, „Minotauria"... Mythos wird gerade durch seinen Gegenwartsbezug lebendig.
Mythos wandelt sich um. Bei den Griechen war er noch anders, Modell einer geschlossenen Welterklärung.
Das drückt sich in der formalen Qualität ihrer Plastiken und Skulpturen aus. Wir kennen die glatte Oberfläche in der klassischen Antike, den heilen Marmor und die geschlossene Haut des Gusses.
Hier ein anderer, moderner Mythos: Einen solchen Ausdruck von Verletzlichkeit, wie ihn Germaine Richiers Plastiken durch den Einbau von Baumrinden und anderen Fundstücken aus der Natur bekommen, erziele ich durch das Aufreissen der Oberfläche, Arbeitsspuren, Streichen und Kratzen mit dem Messer, Aufspachteln, feuchten Gips mit Holzwolle, Spuren vom ersten Entwurf sichtbar – eine im Detail informelle Struktur.
Sympathisch ist mir, daß in der Antike die Götter sehr menschlich waren, wenn man an die Trunkenheit des Dionysos oder die Entstehung des Minotaurus aus dem Ehebruch von Zeus und Pasiphae denkt. Später erst kam es zu diesem Dualismus Gott-Mensch, der in der Philosophie zur Negation Gottes geführt hat. Diese Akzeptanz des Menschlichen durch die Religion ist uns, glaube ich, heute wieder nähergekommen.
Insgesamt paßt der Mythos sehr gut zu meiner Arbeit. Ich kann und möchte in ihr der Phantasie freien Lauf lassen. Was dabei entsteht, wird immer eine Aura des Geheimnisvollen umgeben, weil es frei erfunden ist, von wem auch immer. Der Mythos öffnet sich.

1961 geboren in Bielefeld, 1981-88 Studium der Bildhauerei an der FH Bielefeld bei Richard Heß, 1988-91 Assistentin bei Professor Richard Heß, 1991-94 Lehrtätigkeit an der Meisterschule für Handwerker in Kaiserslautern, 1994 Aufnahme in die Darmstädter Sezession, lebt und arbeitet in Berlin

Personalausstellungen(Auswahl)
1988 Galerie in der Remise, Schloß Feldkirch, Hartzheim/Bad Krotzingen, 1989 Galerie Pan, Bielefeld, 1990 Saalbau-Galerie, Darmstadt; Studio 51, Frankfurt/M, 1991 Historischer Saal der Ravensberger Spinnerei, Bielefeld, 1994 Staatliche Galerie Moritzburg, Halle; Galerie Messer-Ladwig, Berlin, 1995 Galerie Fischinger, Stuttgart; Galerie Studio R, Mannheim, 1997 Museum der Stadt Eschborn; Widukind-Museum, Enger, 1997 Galerie Arcus, Bezirksamt Berlin-Hohenschönhausen, 1998 Lippisches Landesmuseum, Detmold, 1999 Lützowcenter, Berlin; Art International Asheville, N. C., USA, 2001 Kunstforum des Grand-Hotel Esplanade, Berlin

Ausstellungsbeteiligungen
in Bad Oeynhausen, Berlin, Bielefeld, Darmstadt, Düsseldorf, Enger, Frankfurt, Gotha, Stuttgart, Sennestadt und Asheville, Asten, Besancon, Budapest, Ravenna, Salzburg, Tucson

Preise
1994 Gustav-Weidanz-Preis für Plastik der Hochschule für Kunst und Design, Burg Giebichenstein Halle, Förderpreis der Darmstädter Sezession für Plastik

Literaturauswahl
Bärbel Dieckmann, Raum im Inneren, Berlin 2001, Beitrag von Eva Badura-Skoda. Bärbel Dieckmann, Skulpturen, Berlin 1997, Beitrag von Dietrich Schubert.

Wilfried Fitzenreiter

1932 geboren in Salza/Thüringen, 1951-52 Lehre als Steinmetz in Halle, 1952-58 Studium am Institut für künstlerische Werkgestaltung Halle, Burg Giebichenstein bei Gustav Weidanz und Gerhard Lichtenfeld, 1958-61 Meisterschüler an der Deutschen Akademie der Künste zu Berlin bei Heinrich Drake, seit 1961 freischaffend in Berlin 1975-81 Lehrauftrag an der Kunsthochschule Berlin-Weißensee, lebt und arbeitet in Berlin

Personalausstellungen
1962 Kabinett der Nationalgalerie Berlin, 1965 Kunstkabinett am Institut für Lehrerweiterbildung Berlin-Weißensee, 1968 Kulturzentrum der DDR, Stockholm, 1971 Winckelmann-Museum, Stendal, 1981 Ausstellung Plastik, Wien, 1985-88 Ausstellungen in Prag, Bratislava und Berlin-Charlottenburg, 1990-99 Personalausstellungen in der Galerie unter den Linden Berlin, Winckelmann-Museum Stendal, Schloß Rheinsberg, Deutsches Medaillenmuseum Waldaschaff/Unterfranken, 2000 Auerbach/Vogtland, 2001 Kurhaus Kolonnade Wiesbaden

Ausstellungsbeteiligungen (Auswahl)
1962-88 an allen Kunstausstellungen der DDR, 1962 Akademie der Künste Berlin, Nationalgalerie Berlin, 1963 und 1965 Biennale der Ostseeländer, Rostock, seit 1965 Plastik und Blumen Berlin, 1968-74 Beteiligt an Ausstellungen in Halle, Budapest, Gotha, 1979 Dom zu Brandenburg, 1985-88 beteiligt im Rheinischen Landesmuseum Bonn, Bayerische Staatsgemäldesammlungen München, Galerie des Städtischen Museums Eisenhüttenstadt, 2000 Fédération Internationale des Médailles in Weimar

Preise und Auszeichnungen
1964 Will-Lammert-Preis der Akademie der Künste Berlin, 1965 Kunstpreis des DTSB der DDR, 1979 Käthe-Kollwitz-Preis der Akademie der Künste Berlin, 1981 Nationalpreis der DDR

Literaturauswahl
Wilfried Fitzenreiter, Plastik – Zeichnungen – Aquarelle, Ausstellungskatalog in der Galerie Unter den Linden, Berlin 1990, Beitrag von Elmar Jansen.

Wieland Förster

Archaische Vorstellung vom Sein und Werden, Nachhall ferner und fernster Begebenheit, nacherzählt, aufgeschrieben oder weitergegeben von Generation zu Generation, in ständiger Verwandlung eines pädagogischen, angepaßten Handlungskerns, das ist Mythos für mich. Zeugnisse, Erstaunen und Abscheu erregend zugleich und gebotshafte Lehre: Selten das dauerhafte Glück, meist haarsträubende Strafe und Beschwernis. Das Paradies erlangen wird keiner.
Der Mythos stellt uns herrliche, fast immer phantastische, oft blutrünstige Muster menschlichen Verhaltens vor, an der Wiege unseres, Geistesgestalt annehmenden Europas, in der Griechenzeit und der der Römer: einprägsame Herrschaftsmodelle. Das Wüste, kaum Erklärbare wird in die göttliche Gestalt verlegt.
Wir jedenfalls, die „Griechen", sind von den Mythen geprägt, die längst zum Humus unseres Denkens geworden sind. Vor allem, wenn es um Gewalt und Verbrechen geht.
Nacherzählen will ich als Bildhauer und Zeichner nichts, nicht einen einzigen Mythos, auch wenn dieser die verführerischsten Bildvorwürfe bereitstellt. Die „Daphnen" zum Beispiel sind eingeschlossen in einen hocherotischen Raum, die Weigerung Apoll anzugehören durchaus keine dauerhafte Entsagung, eher kokettes Zwischenspiel, eben nur ein Totstellen vor dem Wüstling, bereit aber zur Lust, anderswo, anderswie. Der „Marsyas" allerdings ist ganz durchlebtes Ich: Ich oder der Andere, alle, die da litten an der Zeit, jeder, der in die Fänge der Macht geriet, psychisch und physisch enthäutet zu Tode gebracht wurde. So auch die frühen „Passionen", die „Martyrien", sie alle stehen in den verbrecherischen Zeiten, und Opfer kann jeder sein. Aber kaum einer hat Kopf und Antlitz, denn das hieße Festlegung auf das Einzelschicksal, würde literarisch unerträglich verkürzend und anbiedernd sein, kein Massenschicksal, nicht existentiell aufs Wesen der Gattung hin konzentriert: mein Wille ist DIE METAPHER.

1930 geboren in Dresden, 1944-46 Lehre als Technischer Zeichner und Rohrleger, 1946-50 Sonderlager Bautzen, 1953-58 Studium an der Hochschule für Bildende Künste, Dresden, 1959-61 Meisterschüler an der Deutschen Akademie der Künste, Berlin, 1961 Übersiedelung nach Berlin, 1968-73 Ausstellungsverbote und Arbeitsbehinderungen, 1974 Ordentliches Mitglied der Akademie der Künste der DDR, Berlin und später einer ihrer Vizepräsidenten, 1985 Ernennung zum Ordentlichen Professor, 1991 Austritt aus der Akademie der Künste, Berlin, Mitglied des P.E.N. Zentrums Deutschland, 1996 Gründungsmitglied der Sächsischen Akademie der Künste, Dresden, lebt und arbeitet in Berlin und in der Nähe von Oranienburg/Land Brandenburg

Personalausstellungen (Auswahl)
1964 Kunstkabinett am Institut für Lehrerweiterbildung, Berlin; Staatliche Galerie Moritzburg, Halle, 1967 Staatliches Museum, Schwerin, 1969 Staatliche Museen Berlin, Kupferstich-Kabinett (nach der Eröffnung geschlossen), 1973 Wort und Werk, Leipzig; Kulturhistorisches Museum, Magdeburg, 1974 Kunstausstellung Kühl, Dresden, 1975 Orangerie des Schlosses Mosigkau, 1977 Galerie Junge Kunst, Frankfurt/O, 1980 Staatliche Museen, Nationalgalerie, Berlin, 1982 Kunsthalle Södertälje/Schweden, 1985 Centre culturel de la R.D.A., Paris, 1986 XLII. Biennale, Venedig (mit Sabine Grzimek), 1988 Kabinett am Goetheplatz, Stadtmuseum, Weimar, 1988/89 Galerie am Domhof, Zwickau, 1990 Staatliches Museum Schwerin; Staatliche Museen, Studio Nationalgalerie, Berlin, 1991 Schwedenspeichermuseum, Stade; Städtisches Museum, Lindau/Bodensee, 1992 Schloß Wilhelmsburg, Schmalkalden, 1995 Kloster Unser Lieben Frauen, Magdeburg; Schloß und Orangerien Mosigkau, 1996 Kunstverein, Speyer, 1996/97 Richard-Haizmann-Museum, Niebüll, 1998 Albertinum Dresden, 1999 Staatliche Galerie Moritzburg, Halle; Museen der Stadt Appingedam/Niederlande, 2000 Galerieforum Amalienpark, Berlin; Alexanderkirche Marbach; Georg-Meistermann-Museum, Wittlich; Marienkirche Frankfurt/O, 2001 Galerie Ludwig Lange, Berlin; Galerie Profil, Weimar

Ausstellungsbeteiligungen
beteiligt an sehr vielen Ausstellungen im In- und Ausland

Buchveröffentlichungen
Rügenlandschaft, Hommage á Caspar David Friedrich, Berlin 1974. Begegnungen, Tagebuch, Gouachen und Zeichnungen einer Reise in Tunesien, Berlin 1974. Die versiegelte Tür, Berlin 1982. Einblicke, Aufzeichnungen und Gespräche, Berlin 1985. Sieben Tage in Kuks, Berlin 1985. Labyrinth, 34 Zeichnungen 1974-1985, Notizen über die Entstehung eines Zyklus, Arbeitstagebuch: Labyrinth 1973-1984, Berlin 1988. Die Ungleichen, Theaterstück, München 1991. Grenzgänge, Theaterstück, Erzählung und ein Essay von Walter Jens, Berlin 1995. ...alle meine Zärtlichkeiten, aus dem Briefwechsel von George Sand und Gustave Flaubert (1866-1876), zusammengestellt von Wieland und Eva Förster, Zweipersonenstück, München 1996. Die Phantasie ist die Wirklichkeit, Rostock 2000.

Preise und Auszeichnungen
1966 Will-Lammert-Preis der Deutschen Akademie der Künste Berlin, 1974 Käthe-Kollwitz-Preis der Akademie der Künste der DDR, 1976 und 1983 Nationalpreis der DDR, 1996 Kunstpreis der Stadt Dresden, 2000 Verdienstkreuz I. Klasse der Bundesrepublik Deutschland

Literaturauswahl
Keisch, Claude: Wieland Förster. Plastik Zeichnung, Dresden: Verlag der Kunst, 1977, mit Beiträgen von verschiedenen Autoren. Wieland Förster: Einblicke. Aufzeichnungen und Gespräche, Union Verlag Berlin,1985. Wieland Förster, Plastik, Zeichnung. Staatliche Kunstsammlungen Albertinum Dresden, 1998, mit ausführlicher Bibliografie. Zahlreiche Veröffentlichungen über Wieland Förster in Büchern, Katalogen, Faltblättern, Zeitungen, Zeitschriften zu Personalausstellungen.

Bernd Göbel

Werden Alltag und Künste durch Diktatur oder Kulturkolonialismus bedroht, denkt man unwillkürlich an die Gleichnisse aus dem alten Griechenland, denn: nichts ist abschreckend genug, dass es nicht doch wiederholbar wäre.

Der ewige Versuch, durch Flügelschläge der Realität zu entfliehen, um neue Horizonte zu erreichen, ist immer noch folgenschwer.

Manchmal gelingt es, sehr gegenwärtige Bilder von alten Mythen zu erfinden, die im Spiegel längst vergangener Verfehlungen neu erscheinen.

1942 geboren in Freiberg, 1961-63 Lehre als Holzbildhauer, 1963-69 Studium der Bildhauerei an der Hochschule für industrielle Formgestaltung Halle, Burg Giebichenstein bei Gerhard Lichtenfeld, 1969-78 Assistent bei Gerhard Lichtenfeld, 1978 Dozent und seitdem Leiter der Bildhauerklasse an der Burg Giebichenstein, Hochschule für Kunst und Design, Halle, 1982 Professur für Plastik, 1987 Mitglied bei FIDEM (Féderation Internationale de la Medaille), 2000 Mitglied bei ANS (American Numismatic Society), lebt und arbeitet in Halle

Personalausstellungen (Auswahl)
1968 Museum Naumburg, 1969 Galerie im I. Stock, Halle, 1973 Stadtmuseum Jena; Kloster Unser Lieben Frauen, Magdeburg; Galerie in Friedländer Tor, Neubrandenburg, 1976 Romanisches Haus, Bad Kösen, 1977 Galerie Marktschlößchen, Halle; Museumsgalerie Quedlinburg, 1979 Kunstverein Coburg, 1980 Galerie am Hagenmarkt, Braunschweig, 1981 Zentralinstitut für Genetik und Kulturpflanzenforschung, Gatersleben, 1982 Stadt- und Bergbaumuseum, Freiberg, 1985 Kulturbund Merseburg, 1986 Galerie Stula, Hannover, 1987 Schloß Mosigkau, 1990 Burggalerie Magdeburg, 1992 Galerie Marktschlößchen, Halle, 1996 Städtisches Museum Eisenhüttenstadt-Fürstenberg, 1998 Deutsches Medaillenmuseum, Waldaschaff, 2000 American Numismatic Society, New York; Medialia, Rack and Hamper Galerie, New York, 2001 Oberlandesgericht Naumburg

Ausstellungsbeteiligungen (Auswahl)
1974-1986 an allen Kunstausstellungen des Bezirkes Halle und Kunstausstellungen der DDR, 1970 Staatliche Galerie Moritzburg, Halle, 1971 Museum Schloß Bernburg, 1974 Moskau, 1975 Majakowskigalerie Berlin/West, Biennale Rostock, Biennale Budapest, Gotha, 1976 Stockholm, Ausstellungshallen Suhl, 1977 Syrien, Leipzig, Biennale Antwerpen, Middelheim, 1978 Bukarest, 1979 Akademiegalerie Berlin, Dresden, 1980 Kunstverein Hannover, Karl-Marx-Stadt, 1986 Warschau, Dresden, Bad Kösen, 1987 Colorado Spings, 1987/77 München, Bonn, Mannheim, 1988 Nationalgalerie Berlin, 1990 Helsink, 1990/91 Berlin, München, Bonn, 1992 Mannheim, Trier, 1993 Schloß Mosigkau, Martin-Gropius-Bau Berlin, 1994 Schloß Altshausen, 1996 Neuchatel, 1998 Orangerie Schloß Pillnitz, Schloß Lichtenburg Prettin, 1999 Museum im Kloster Magdeburg, Galerie im Neuen Palais Potsdam, Galerie Rosenkranz Chemnitz, 1999/2000 Galerie Wege, 2000 Grassimuseum Leipzig, Schloss Elisabethenburg Meiningen, Predigerkirche Erfurt, Weimar, Kunstverein Talstraße Halle, Jenaer Kunstverein, Pulsnitz, 2001 Schloss Cappenberg Unna, Meguro Museum Tokio

Preise und Auszeichnungen
1973 Will-Lammert-Preis, Berlin, 1975 Gustav-Weidanz-Preis, Halle, 1984 Kunstpreis der DDR, 1988 Kunstpreis des FDGB, 1998 Ernst-Rietschel-Preis, Pulsnitz, 2000 Sandford-Saltus-Preis, New York

Literaturauswahl
Bernd Göbel, Plastik, Ausstellungskatalog der Galerie Marktschlößchen, Halle 1992, Beiträge von Heinz Schönemann, Dietrich Schubert.

Peter Hoppe

Antike Mythologie – Grundmuster menschlichen Verhaltens, erfahren als erstreblich oder verächtlich! Grundmuster im Sinne „ewiger Wiederkehr“. Bezüge in der Arbeit zum mythologischem Stoff sind angestoßen durch versuchte Sinn-Annäherung im profanem Erleben, im Nacherleben der mythischen Stoffe, aus der Lust zu fabulieren, in der Suche – oder im Finden – meiner Metapher. Äußere Anlässe, subjektive Reflexionen, Verbindungen zu Lektüre, Dramatikerlebnisse etc. sind ab und an – über viele Jahre Anstöße gewesen sich bildhaft – auf der Suche zur Metapher zum Bildzeichen – den Mythen zu nähern, sie als Basisüberlieferungen zu werten, zu befragen, zum Ausgangsstoff der Arbeit zu machen. Ausgehend vom Urstoff, von der bekannten oft schon eben literarischen, bildnerisch subjektivierten Überlieferung wird im Wiederaufnehmen und gedanklich und formal neugefassten Fortführung ohne illustratives Wollen das möglich Wesenhafte aus dem Gegenwartsverständnis vorgeführt, lebendig gehalten und in continuo weitergetragen. Jede Zeit bringt ihre eigenen Mythen hervor, die mehr oder weniger Lebenskraft zu beweisen haben. Die Aneignung klassischer Stoffe hat den Vorteil großer Freiheit in der Neu- und Andersformung auf der Grundlage des bekannten Ausgangspunktes als Denkansatz. Meditativer Umgang mit Zeitbezogenheit ist involviert.

In den Mythen sehe ich fundamentales Erfahrungserleben gesammelt, welches fortwährend modifiziert in Variationen wiederkehrend zeitgemäßer Interpretation zur Verfügung steht. Ganz natürlich sind Grundthemen menschlichen Daseins mit Göttergeschichten, Gewinner- und Verlierersagen, mit Erwartung und Enttäuschung, Hoffnungsmuster, Konfliktlösungen und einfachstem Sein verknüpft und werden so, gegenwartsbezogen stets, mit versuchten Deutungen beladen, aufgenommen und kreativ erweitert. Aus Wissen, Wollen und Ahnen entstehen Mythenzeichen, Gegenwartsdeutungen und Zukunftsprojektion. Ambivalent, der Eindeutigkeit entsagend, entrückt, eher verrätselt als sichere Klarheit anstrebend. Tastend, nicht wissend aber fühlend, spirituell spielend. Ohne Beweis oder Behauptung. Stoff für Kunst.

1938 geboren in Chemnitz-Hilbersdorf, Berufsausbildung als Baumaler, 1956-59 Studium an der Fachschule für angewandte Kunst Berlin/Potsdam, Arbeit als Farbgestalter für Innenraum und Hochbau, 1960-65 Studium der Malerei an der Hochschule für Bildende und Angewandte Kunst Berlin-Weißensee, bei den Professoren Burckard, Vogenauer, Dähn, Mohr, Womacka, 1965 Diplom und Aspirantur, seit 1967 freiberuflich als Wand- und Tafelmaler, Zeichner, Grafiker, Bühnenbildner, Kostümbildner,
lebt und arbeitet in Berlin

Personalausstellungen (Auswahl)
1974 Club Pablo Neruda , Karl-Marx-Stadt, 1975 Club Johannes R. Becher, Berlin, 1977 Stadtmuseum Neustrelitz, 1981 Galerie Arkade Berlin, 1984 Galerie im Turm, Berlin, 1985 Staatliche Kunstsammlungen Neubrandenburg; Galerie unter den Linden, Berlin, 1988 Galerie im Cranachhaus, Weimar, 1989 Galerie Stula, Hannover, 1990 Galerie Prisma, Berlin, 1992 Galerie im Stadtturm, Neubrandenburg, 1991 Galerie Wort und Werk, Berlin, 1994 Galerie Sophienstrasse 8, Berlin; Galerie S, Berlin, 1996 Künstlerhof der Akademie der Künste, Berlin-Buch, 1997 Italienisches Kulturzentrum, Berlin; Galerie LUX, Berlin; Centre Chopin, Landau, 1998 Mikrosoft, Berlin, 1999, Klinikum Berlin-Buch, 2001 Galerie LUX, Berlin

Ausstellungsbeteiligungen (Auswahl)
seit 1972 an allen Kunstausstellungen der DDR, 1978 Berliner Atelier, 1979 Internationale Triennale Sofia, 1980/81 Berliner Kunst Retrospektive, 1988 XLIII. Biennale Venedig, sowie in Schwerin, Stendal, Prag, Paris, Barcelona, Bukarest, Cagnes sur mer, Frankfurt/O, München, Moskau, Weimar, Würzburg, Rijeka, Damaskus, Kairo

Preise
1979 Hauptpreis der III. Internationalen Triennale für realistische Malerei in Sofia

Literaturauswahl
Peter Hoppe, Jahresheft 1996/97 der Galerie LUX, Berlin 1997, Beitrag von Peter Arlt. Peter Hoppe, Katalog Sammlung Seiz, Potsdam 1999, Beitrag von Gisold Lammel.

Rolf Kuhrt

Es waren die 80er Jahre – mit dem Aufstellen der Pershing's und der SS 20 - Raketen, es wurde eine neue Phase des Kalten Krieges eingeläutet. Beide Großmächte (USA und UdSSR) schufen hier mitten in Europa eine bedrohliche Situation.

„Aber Kollegen, wir brauchen doch keine Kassandra-Rufe", ließ ein damals wichtiger Verbandssprecher des damaligen Berufsverbandes verkünden.
Anlaß nun für mich genug nachzufragen und schließlich nachzusuchen, was hat das eigentlich auf sich mit diesen Kassandra-Rufen, wer war Kassandra?
Die Folge war eine Neuentdeckung auch anderer Gestalten der griechischen Mythologie Apollon, Helena, Paris, Hekuba, Ödipus, Marsyas. Da waren sie wieder – die Verhaltensmuster, die für mich immer wichtig sind und so auch den Stoff für Grafiken/Zeichnungen und Plastiken bedeuten.
Kassandras Rufe haben nach wie vor Gültigkeit, denn Machtgier, Machtmißbrauch, Arroganz, Eitelkeit, Selbstüberschätzung, Lug und Trug, Gewalt und Terror, Feigheit dazu sind unter uns, nach wie vor!
Sicher ist es oft so, daß Bildunterschriften, wenn sie eine Beziehung zu den genannten Mythen anbieten einen gewissen Schlüssel für den Betrachter geben, das eine oder andere besser zu verstehen.

1936 geboren in Bergzow, Kreis Genthin, 1951-54 Lehre als Schrift und Plakatmaler, 1954-56 Studium an der Fachschule für angewandte Kunst Magdeburg, 1956-62 Studium an der Hochschule für Grafik und Buchkunst Leipzig bei den Professoren Mattheuer, Voigt, Horlbeck-Kappler, Kapr, Heisig, 1962-65 Diplom und Aspirantur, 1965-68 freischaffend tätig als Grafiker und Illustrator, Lehrbeauftragter an der Abendakademie der Hochschule für Grafik und Buchkunst Leipzig, 1969-80 Dozentur an der Hochschule für Grafik und Buchkunst Leipzig, 1980 Berufung zum Professor, Leiter der Fachklasse für Grafik und Illustration, 1987-93 Leiter des Fachbereiches Malerei und Grafik, 1993 Berufung zum Professor neuen Rechts, lebt und arbeitet in Leipzig

Personalausstellungen (Auswahl)
1975 Museum Genthin; Wort und Werk, Leipzig, 1977 Klub der Intelligenz, Leipzig; Klubgalerie Johannes R. Becher, Berlin, 1979 Greifengalerie Greifswald, 1982 Galerie im Hörsaalbau, Leipzig 1984 Galerie unter den Linden, Berlin; Galerie Vogtland, Plauen, 1985 Kersting-Klub, Güstrow; Staudenhofgalerie, Potsdam, 1986 Museum der bildenden Künste Leipzig, 1987 Galerie am Markt, Gera; Galerie Suhl, 1988 Galerie im Stadthaus Jena; Galerie am Meer, Warnemünde, 1989 Galerie am Thomaskirchhof, Leipzig, 1994 Galerie Bodek, Hannover; Kunstverein Coburg; Galerie spectrum, Frankfurt/M, 1995 Galerie CasArte, Aschaffenburg, 1996 Galerie Bodek, Hannover, 1997 Ausstellungszentrum der Universität Leipzig

Ausstellungsbeteiligungen
1965-1985 alle Kunstausstellungen des Bezirkes Leipzig, 1972-1987 alle Kunstausstellungen der DDR, 1970 Staatliches Lindenau-Museum Altenburg, Plakat-Biennale Warschau, 1972 Plakat-Biennale Warschau, 1973 Staatliches Lindenau-Museum Altenburg, 1974 Staatliches Museum Berlin, Wort und Werk Leipzig, seit 1976 Teilnahme am Jahreswettbewerb der 100 Ausgewählten Grafiken, 1976 Staatliches Lindenau-Museum Altenburg, 1977 IBA Leipzig, 1978 Staatliche Museen Berlin, Galerie am Sachsenplatz Leipzig, Biennale der europäischen Grafik in Heidelberg, 1980 Intergrafik '80 in Berlin, 1981 Biennale Banská Bystrica, 1982 Museum der Bildenden Künste Leipzig, Druckgrafik-Biennale in Mulhouse-Frankreich, Xylon in Wien, Grafik-Biennale in Frechen, 1984 Worpswede, Bremen, Majakowski-Galerie Berlin, Rathausgalerie in Orvieto-Italien, Intergrafik '84, Berlin, 1985 Museum der bildenden Künste Leipzig, 1988/89 Berlin, Oberhausen, Hannover, 1989 Universität Leipzig, 1992 Insel Mainau, 1994 Dresden, 1996 Kunstverein Coburg

Preise und Auszeichnungen
1968, 1972, 1976, 1977, 1980, 1981, 1982, 1984 Preise im Wettbewerb Die besten Plakate des Jahres, 1974 Kunstpreis der Stadt Leipzig (mit Schwabe und Ruddigkeit), 1980 Kunstpreis der DDR, 1987 Nationalpreis der DDR

Literaturauswahl
Rolf Kuhrt, Malerei, Grafik, Plastik, Ausstellungskatalog Universität Leipzig 1997, Beitrag von Rainer Behrends.

Ronald Paris

Für mich basierte die Beschäftigung mit dem Thema Marsyas auf dem Lesen der gleichnamigen Novelle von Franz Fühmann aus dem Bändchen „Der Geliebte der Morgenröte".
Für mich war es einmal der Versuch, nicht ohne Dreistigkeit oder in Unbefangenheit, im „Hirtenspiel" (Panflöte) gegen „Götterspiel" (Lyra) die Macht herauszufordern: Bacchant gegen den göttlichen Apoll. Die Strafe gegen den unterlegenen Herausforderer ist hart und grausam, wobei die Vollstrecker des Urteils gefangene Skythen waren. Bei Fühmann nehmen Aufbegehrende die abgezogene Haut des Marsyas mit nach Hause, um sie als „Freiheitsbanner" auf ihrem Forum zu hissen.
Versteht man diesen Mythos politisch, so liegt ein Vergleich zum „Kulturkampf" zu DDR-Zeiten nahe, was nicht bedeutet, daß dieser Mythos für gegenwärtige Verhältnisse nun keinen Vergleich mehr zuließe!
Zu Sisyphos. In meinem Bild resigniert Sisyphos schließlich über die Erfolglosigkeit seiner Mühen. Die „Irdischen" sind bestürzt über dessen Resignation, weil sie ihn als „Stellvertreter" ansahen, ihre irdischen Mühen mitzutragen.
Entgegen jener Resignation heißt es im Text des Brecht-Stückes „Der Kongress der Weißwascher" mit leiser Hoffnung: „Augenblicklich können wir nicht klagen was wir verdienen 's ist genug, wer die Lasten für uns trug wird sie wohl auch weiter für uns tragen". Politisch gesehen könnten die Mühen des Sisyphos auch als fortwährender schwieriger Prozess um Demokratie verstanden werden.
Zu Prometheus. Zweifellos haben die Menschen durch den Gebrauch des Feuers für Tod und Vernichtung sich die „Verfügungsgewalt" der Götter angemaßt, und Prometheus wurde dafür bestraft. Er gilt auch als ein „Empörer" gegen den Willen der Götter.
Die Menschen haben also nach wie vor das Schicksal in ihren Händen, das ihren gegebene Feuer sinnvoll zu bewahren. Prometheus ein Märtyrer für die Unzulänglichkeiten der Menschheit?

1933 geboren in Sondershausen/Thüringen, 1948-50 Lehre als Kunstglaser und Glasmaler, 1951-52 Arbeiter-und-Bauern-Fakultät Jena, 1952-53 Restauratorenlehrgang in Gotha, 1953-58 Studium an der Hochschule für Bildende und Angewandte Kunst Berlin-Weißensee bei den Professoren Mau, Mohr, Mucchi, Robbel, seit 1958 freischaffend in Berlin, 1963-66 Meisterschüler an der Akademie der Künste der DDR bei Otto Nagel, 1975-85 lebt und arbeitet in Rostock-Lichtenhagen, 1993-99 Professur für Malerei an der Hochschule für Kunst und Design, Burg Giebichenstein, Halle, lebt und arbeitet in Rangsdorf bei Berlin

Personalausstellungen
von 1959 bis 2001 Weimar, Magdeburg, Rostock, Schwerin, Berlin, Leipzig, Magdeburg, Wien, Dresden, Cottbus, Neubrandenburg, Schwedt, Havanna, Moskau, Meerane, Rauris, Bozen, Halle, Bitterfeld, Rangsdorf, Berlin, Potsdam, Offenburg/Baden, Erlangen, Berlin

Ausstellungsbeteiligungen
1959 bis 1987 an allen Kunstausstellungen der DDR, Berlin, Worpswede, Esslingen, Moskau, Paris, Wien, Sofia, Damaskus, Kairo, Ljubljana, Fredericstad, Graz, Warschau, Athen, Varna, Havanna, Budapest, Oslo, Krefeld, Hanoi, Bagdad, Venedig

Preise und Auszeichnungen
1967 Käthe-Kollwitz-Medaille der Intergrafik, 1976 Nationalpreis der DDR

Literaturauswahl
Weggefährten – Zeitgenossen, Katalog Berlin 1979, Beitrag von U. und G. Feist. Ronald Paris, Ausstellungskatalog zum 60. Geburtstag, Galerie Ermelerspeicher, Schwedt; Galerie Oben, Halle; Gemeindehaus Rangsdorf; Galerie am Ratswall, Bitterfeld, 1993, Beiträge von Peter Arlt, Jo Jastram. Tendenzen. Gegenständliche Kunst heute, Ausstellungskatalog Offenburg/Baden, 1998, Beitrag von Björn Engholm.

Dagmar Ranft-Schinke

„Fliege, Pegasus, fliege ...", heißt ein Bildtitel aus den siebziger Jahren.
Inmitten der DDR-Kunstära beäugten die Funktionäre mißtrauisch diesen Pegasus auf meinen Bildern.
Wo waren hier „Mythos und Figur" des sogenannten klassischen Erbes im Sinne des Sozialistischen Realismus?
Mein Pegasus hat keinen Aufenthaltsort; er ist überall und ständig da, bricht aus und bleibt doch, ungezähmt in seiner Phantasie.
Sein Zauberwort ist NON NON, der Ruf des Einhorns.
Ich glaube, es ist legitim, seine eigene Mythologie im Bild zu zeigen. Schließlich verzeiht man dem Dichter auch seine Worte, die er die „dichterische Freiheit" nennt. Oder?

1944 geboren in Chemnitz, 1961-63 Lehre als grafische Zeichnerin, 1963-68 Studium an der Hochschule für Grafik und Buchkunst Leipzig, ab 1968 freischaffend als Malerin und Grafikerin, 1969 Heirat mit Thomas Ranft, Geburt von Susanne, 1977-82 Mitglied der Künstlergruppe Clara Mosch, 1984 Scheidung von Thomas Ranft 1985 Heirat mit Bodo Böhme, Geburt von Nora, lebt und arbeitet in Chemnitz

Ausstellungen (Auswahl)
1971 Städtische Museen Karl-Marx-Stadt, 1973 Nowy Targ, 1974 Altes Museum Berlin, 1975 Nationalgalerie Berlin, 1976 Nationalgalerie, Studiogalerie im Alten Museum Berlin; Grafik-Biennale Florenz, Portugal, 1977 Galerie Arkade Berlin, Kunstsammlungen Weimar, 1977-1986 beteiliget an den Kunstausstellungen der DDR, 1978 Grafik-Biennale Mulhouse, 1979 Städtische Museen Karl-Marx-Stadt; Nationalgalerie, Studiogalerie im Alten Museum, Berlin,1980 Galerie Junge Kunst Frankfurt/O, 1981 Paris, 1982 Berlin/West, 1984 Städtische Museen Karl-Marx-Stadt; Kunstverein Kronach, 1985 Kunstverein Heilbronn, 1986 Bremen; Ludwig-Institut Oberhausen, 1989 Kunstverein Helmstedt, 1990 Wesseling, 1991 Cassius Garten Bonn, Kunstverein Kronach, München, Galerie in Zabo Nürnberg, 1992 Kunstturm Speyer, Hamburg, 1993 Kunstverein Helmstedt, Frauenmuseum Bonn, Galerie Junge Kunst Frankfurt/O, 1994 Galerie Montserrat New York, 1994/95 Linz, 1995 Lodz, Germanisches Nationalmuseum Nürnberg, 1996 Kunstverein Schweinfurt, Galerie Montserrat New York, 1997 Biennale Lima, Galerie Lohfelden Kassel, Barmer Kunsthalle Wuppertal, Lindenau-Museum Altenburg, Städtische Kunstsammlungen Chemnitz, Deutsches Historisches Museum Berlin, 1998 Städtische Galerie Paderborn, Evangelische Akademie Tutzing, Neue Sächsische Galerie Chemnitz, Galerie Forum Amalienpark Berlin, Hygienemuseum Dresden, 1999 Galerie im Cranach-Haus Weimar, Neue Sächsische Galerie Chemnitz, Technische Universität Chemnitz, Neubrandenburg, 2000 Galerie Vostry Erfurt, Neue Sächsische Galerie Chemnitz, Galerie Weise Chemnitz, Klostergalerie Zehdenick, Kunst-Keller Annaberg, Oberlandesgericht Bamberg, Essen, Düsseldorf, Duisburg, Brüssel, 2001 Galerie Fünf Sinne Halle, Universität Rijeka, Bonn, Zwickau, mehrfach Galerie Clara Mosch, mehrfach Galerie Oben Karl-Marx-Stadt/Chemnitz, mehrfach Galerie Gunar Barthel Berlin, mehrfach Sophien-Edition Berlin

Literaturauswahl
Dagmar Ranft-Schinke ?Bildwelten Scheinwelten?, Autobiografie, Chemnitz 1992, Beitrag von Werner Ballerin.

Walter Sachs

Die „offenbaren“ Geheimnisse der Natur, besonders die der menschlichen Natur, wecken die Phantasie und nicht nur die meine. Schöpfungsmythen und Göttergesellschaften vermitteln eine Ahnung von jenem überlieferten Wissen, das die Frage nach dem Wie wesentlich entschiedener stellt, als die nach dem Warum. Der Paradoxie, das Was definieren zu wollen, folgt die Magie des Bildes, im Mythos wird der Versuch unternommen, diese Ur-Bilder als ein Geflecht von Beziehungen zu beschreiben. Meine Arbeit steht im formulieren von Realität, im finden, erfinden oder auffinden von Bildern, die mich betreffen und die, über mein privates betroffen sein hinaus, auch andere betreffen können. Andere, die ebenso von dieser wie von ihrer Phantasie, von ihrer realen Existenz betroffen sind, sehen in ihrem Tappen zwischen Glück und Leid, daß sich darin seit der Antike nur wenig geändert hat, und daß die Mythen ihre bildliche Kraft und ihre Aktualität bewahrt haben. Im Griechischen Mythos figurieren Kräfte wie Eros, Psyche oder die Musen als Personen. Das macht es für mich verlockend, die Versuche meiner figurativen Arbeiten, die neben Stimmungen und Zuständen auch Beziehungen anschaulich machen wollen, hin und wieder in den thematischen Kontext der Mythen zu stellen. Sei es nachdem das Bild schon fertig ist und ich einen Namen suche, oder sei es bei der Suche nach Quellen, in denen das Thema bereits formuliert ist. Die in Mythen gegebenen Antworten mögen heute zum Teil absonderlich wirken, die existentiellen Fragen, die zu Grunde liegen, können immerwährende Jugend für sich reklamieren. Tritt Apollo den Negativbeweis an, daß des Marsyas Flötenspiel sich nicht diskutieren läßt? Der Ursprung einer Musik, die unter die Haut geht, bleibt verborgen.

1954 geboren in Weimar, 1976-81 Studium an der Hochschule für Bildende Künste, Dresden, Diplom für Malerei und Grafik bei Günter Horlbeck, seit 1981 freiberuflich in Weimar als Bildhauer und Zeichner tätig, verheiratet, drei Kinder, lebt und arbeitet in Weimar

Personalausstellungen (Auswahl)
1995 Galerie Zwätzengasse, Jena; Stadtgeschichtsmuseum, Arnstadt, 1997 Merkur Bank, Jena, 1998 Thüringer Landesmuseum Heidecksburg Rudolstadt; Galerie am Fischmarkt, Erfurt; Galerie Villa Benary, Erfurt, 1999 Kunstkabinett am Goetheplatz, Weimar, 2000 Kunstsammlungen Weimar, Leonhardi-Museum, Dresden, Artistcommune, Hong Kong

Ausstellungsbeteiligungen (Auswahl)
2000 Chinesisch-Deutscher Künstleraustausch, Pen Pan Art Galery Guangzhou, Jenoptik und Kunstverein Jena, Neues Museum Weimar, Goethe-Institut Kyoto

Preise
1989 Wilhelm-Höpfner-Preis, 1993 VEAG-Kunstpreis, 1999 Weimar-Preis

Literaturauswahl
Walter Sachs, Künstler in Thüringen, Band 3, Thüringer Landesmuseum Heidecksburg, Rudolstadt 1998, Beiträge von Kai Uwe Schierz, Anna-Maria Ehrmann-Schindelbeck, Paul Tanner.

Sabine-C. Sauermilch

Mythos oder Realität ?
„Jede Geschichtsschreibung geschieht a posteriori, in der kausalen Kette einer Zeitenfolge, nur der Mythos schreibt sich beständig in die Gegenwart ein, in der er beruht."(Raoul Schrott, Die Musen)
Ob Aphrodite für die Kosmetikindustrie oder Hermes für den Versandhandel wirbt, Ikarus für die Fahrzeugindustrie oder Herkules für den Baumarkt, Begriffe aus der griechischen Mythologie sind auch nach dreitausend Jahren noch aktuell und allgegenwärtig. Chaotisch, barbarisch, panisch, musisch, labyrinthisch, atlantisch, heroisch, lakonisch, erotisch, gigantisch, becircend... Worte, die archetypische Verhaltensmuster innerhalb unseres Zusammenlebens beschreiben, gesellschaftlichen Konsens, Verständigung schaffen.
Aber wer kennt heute noch die Inhalte dieser Jahrtausende alten Geschichten, die Hierarchie der Götter und Halbgötter, ihre Metamorphosen, ihre Helden? Und doch bedienen wir uns ihrer in selbstverständlicher Art und Weise.
Ob in Dramen, Komödien, Schwänken oder Kinothrillern, Western, Comics oder Kinderbüchern, die griechische Mythologie wird mit ihren Protagonisten nicht nur für die Reklame diverser Industriezweige bemüht, sondern liefert über Jahrtausende hinweg auch immer wieder Inhalt, Stoff für künstlerische Äußerungen jeglicher Form, poetische Grundstrukturen.
„Der Mythos abstrahiert nicht von der Welt, sondern personifiziert sie in seinen Göttern, Halbgöttern und Helden." (Raoul Schrott, Die Musen)
Prometheus, der Wissenschaftler unserer Tage? Der Mensch als Schöpfer seiner selbst?
Inzwischen bedürfen wir keiner Mythen mehr, um uns den Traum vom „vollkommenen Menschen" zu erfüllen. Zum ersten Mal in der Geschichte der Menschheit sind wir in der Lage, Göttern gleich, selber über den Wert, die Qualität von Leben zu befinden, zu selektieren und uns in einer zuvor noch nie dagewesenen Art und Weise des Schicksals zu bemächtigen. Mythos oder Realität ?

1961 geboren in Meinigen, 1977-80 Handweblehre in Erfurt, 1982-86 Studium an der Fachschule für angewandte Kunst in Schneeberg/Erzgeb., seit 1987 freiberufliche Arbeit in Erfurt, 1990-92 Mitarbeit in einem Restaurierungsatelier, 1992 Geburt des Sohnes, 1994-95 Grundstudium der Restaurierungstechniken an der FHS Erfurt, lebt und arbeitet in Erfurt und Elxleben

Personalausstellungen
1993 Galerie Alte Försterei, Ilmenau, 1995 Galerie im Kunsthaus, Erfurt, 1997 Galerie am Hauptmarkt, Gotha; Galerie am Fischmarkt, Erfurt 1998 Galerie Spandow, Berlin, 1999 Galerie im Bürgerhaus, Zella-Mehlis; Galerie des Jenaer Kunstvereins, 2001 Galerie im Kunsthaus, Erfurt

Ausstellungsbeteiligungen (Auswahl)
von 1989 bis 2001: Evangelischer Kunstdienst Erfurt, Galerie unterm Turm Stuttgart, Galerie am Fischmarkt Erfurt, Kunststation Kleinsassen, Museum Junge Kunst Frankfurt/O, Kunstsammlungen Gera, Schloß Elisabethenburg Meiningen, Krönbacken Erfurt, ACC Galerie Weimar, petr Galerie Rostock, GEDOK Berlin, Schloss Babenhausen, Wollhalle Güstrow, Kunsthaus Saarbrücken

Literaturauswahl
Sabine-Cornelia Sauermilch, Hemisphären, Katalog zu den Ausstellungen in Jena, Zella-Mehlis, Erfurt 1999, Beitrag von Kai Uwe Schierz.

Hans Scheib

Mythos ist Poesie.
Schrecken und Schönheit
Mythos ist ohne Moral.
Mythos ist kein Feigenblatt,
keine Tarnkappe,
nicht Sklavensprache.
Kassandras Rufe sind kein Geunke.

1949 geboren in Potsdam, seit 1952 in Berlin, Abitur, Lehre, Wehrdienst, 1971-76 Studium an der Hochschule für Bildende Künste, Dresden, 1976 Bildhauer in Berlin, Prenzlauer Berg, 1985 in Berlin, Charlottenburg, lebt und arbeitet in Berlin

Ausstellungen (Auswahl)
1978 Galerie Mitte Berlin, 1979 Leonhardi-Museum Dresden, 1980 Atelier Raumerstraße Berlin, 1982 Treptower Park Berlin, Leonhardi-Museum Dresden, 1984 Galerie Oben Karl-Marx-Stadt, 1986/87 Haus am Waldsee Berlin, Mannheim, Wilhelmshaven, Amsterdam, 1987 Galerie Niepel Düsseldorf, 1988 Galerie Eva Poll Berlin, Mannheimer Kunstverein, 1989 Goethe-Institut Paris, Galerie Eva Poll Berlin, Paestum, Neapel, Galerie am Savignyplatz Berlin, Galerie Eva Poll Berlin, Galerie Rotes Haus Schwetzingen, 1992 Galerie Eva Poll Berlin, Kloster Unser Lieben Frauen Magdeburg, Nazareth-Kirche Berlin-Wedding, Galerie Mutter Fourage Berlin-Wannsee, 1994 Atelier Laubbach Laubbach/Ostrach, Braunschweig, Düsseldorf, Frankfurt/O, Berlin, Gerhard-Marcks-Haus Bremen, Galerie Brockstedt Hamburg, 1995 Galerie Kasten Mannheim, Zitronenpresse Dresden, Berlin, Aspen, Colorado, 1996 Carrée St. Anne Montpellier, Galerie Eva Poll Berlin, Nikolaikirche Stadtmuseum Berlin, 1998 Schloß Branitz/ Cottbus, Stadtmuseum Göhre Jena, Schleswig Holstein Haus Schwerin, Kunstverein Schwetzingen, 1999 Märkisches Museum Witten, 2000 FORUM BOX Helsinki, 2001 Kunsthalle Darmstadt, Leonhardi-Museum Dresden

Preise
1995 Kunstförderpreis der Akademie der Künste Berlin

Literaturauswahl
Hans Scheib, Figur, Edition Rothes Haus, Schwetzingen 1999, Beiträge mehrerer Autoren.

Manfred Bofinger

Die Mythen der Antike sind für einen Cartoonisten eine wahre Fundgrube, um mit Anspielungen, Verballhornungen oder Parodistischem die Geschichten der Vergangenheit in die Gegenwart zu holen. Voraussetzung ist natürlich bei diesem Spiel mit antiken Stoffen, dass der Betrachter diese Mythen ebenfalls kennt, sonst sind alle Pointen wirkungslos. Das gilt übrigens für alle mythologischen Geschichten und Figuren, auch für die der Bibel beispielsweise. Um die antiken Mythen auszubeuten, muss man wie ich als Kind seinen Gustav Schwab gelesen haben. Ich hatte außerdem das Glück, Latein und Griechisch in der Oberschule zu lernen, weil ich unbedingt Archäologe werden wollte.

Grafiker, Cartoonist, Pressezeichner, Illustrator, 1941 geboren in Berlin, 1961 Abschluss einer Lehre als Schriftsetzer, 1961-68 Typograf bei der Zeitschrift Eulenspiegel, seit 1968 freiberuflicher Grafiker und Cartoonist in Berlin, 1969-93 viele *Schönste Bücher* und *Beste Plakate*, lebt und arbeitet in Berlin

Ausstellungen
Einzelausstellungen und Ausstellungsbeteiligungen im In- und Ausland, u. a. Beteiligung an Satiricumsausstellungen in Greiz 1978, 1980, 1982, 1984, 1986, 1990

Preise
1981 Kunstpreis der DDR, 1987 Goethepreis der Stadt Berlin, 1989 Hans-Baltzer Preis, 1995 Schnabelsteher-Preis

Buchveröffentlichungen (Auswahl)
Graf Tüpo, Lina Tschornaja und die anderen/Für El Lissitzky zum 100. Geburtstag, 1991. Die Zirtone drückt sich gut aus/Ein Bilderbuch der deutschen Sprache, 1992. Das Gänsehautbuch. Glibber. Ekel. Brech. Ein ABC des Grauens für tapfere Eltern und Kinder, Frankfurt/M 1994. Haps. Das Menschenfresserbuch, Frankfurt/M 1994. Das Wildpferd unterm Kachelofen/Schöne Geschichten von Jakob Borg und seinen Freunden, Text von Christoph Hein, Berlin/ München 1994. Der Struwwelpeter/Lustige Geschichten und drollige Bilder. Text von Heinrich Hoffmann, 1994. Zirkus Konfetti. Texte von Konstanze Hupe und Frauke Hohberger, Berlin/München 1994. Das dicke Bofinger-Buch, Berlin 1995 Der krumme Löffel/Miniaturen einer Kindheit, Berlin 1998 Kasimir hat einen Vogel. Text von Wolfdietrich Schnurre, Berlin 2000. Die untreue Maulwürfin. Text von Heinrich Hannover, Berlin 2000.

Barbara Henniger

Über mein Faible fürs Antike
Auf dem Olymp geht's drunter und drüber, - ein gefundenes Fressen für Künstler aller Branchen seit ewigen Zeiten. Ist doch kein Wunder, dass sich auch der Karikaturist - die Karikaturistin über die Antike her macht und die göttlichen Skandale zitiert, um die menschlichen auf dem Forum der Jetztzeit auf die Schippe zu nehmen!

Pressezeichnerin, Karikaturistin, Illustratorin, 1938 geboren in Dresden, 1956-58 Architekturstudium an der Technischen Hochschule Dresden 1959-67 Ausbildung und Arbeit als Journalistin an einer Dresdner Tageszeitung, 1964 Studium (extern) an der Fachschule für Journalistik Berlin/Leipzig, 1967 Umzug nach Strausberg bei Berlin, seit 1967 freischaffende Karikaturistin, ständige Mitarbeit bei der Satirezeitschrift Eulenspiegel, die bis heute anhält, außerdem Beiträge für verschiedene Zeitschriften und Tageszeitungen, Buchillustrationen, Plakate, Kalender, lebt und arbeitet in Strausberg

Ausstellungen (Auswahl)
Beteiligt an Satiricumsausstellungen in Greiz 1978, 1980, 1982, 1984, 1986, 1988, 1990, 1985 Tallinn,1988 Warszawa, 1990 Goetheinstitut Paris, mehrfach Berlin (zuletzt 1998), mehrfach Strausberg (zuletzt 1999), 1998 Dresden, Bergen/Rügen, Ankara, 2001 Wittenberge

Preise
1984 Kunstpreis der DDR, 1985 Goldener Hut, Knokke, 1991 Goldener Gothaer, 1999 Silberner Gothaer

Buchveröffentlichungen (Auswahl)
Barbaras praktische Linke, Berlin 1977. Im Paradies und anderswo, Berlin 1987. Die Struwwelpaula. (Beteiligung), Berlin 1994. Packungsbeilage beachten, Leipzig 1994. Das kleine Wetterbüchlein, Leipzig 1996. Essen wie Erich, Berlin 1996. Hammse schon gehört? Berlin 1996. Wenn´s mal wieder anders kommt, Berlin 1996. Paar-weise, Berlin 1997. UNSerE DeuTSCHE DeMOKRATiSCHE REPubLIK, Reinbek 1998

Literaturauswahl
Gegenverkehr, Ausstellungskatalog, Dresden 1998, Beitrag von Heiner Henniger. Notwehr, Mediummagazin 4/2001, Porträt von Walther Keim.

Peter Muzeniek

Vor vielen Jahren hatte in der schönen Stadt Schwerin in Mecklenburg ein zehnjähriger Knabe beschlossen, der Kleinkindbilderbuchwelt nunmehr entwachsen zu sein. Folgerichtig stellte er seine erste „richtige Bibliothek" zusammen. Diese präsentierte sich auf einem wackligen Sperrholzbrettchen, welches, mittels zweiter Winkelstützen im Kopfende des eisernen Wehrmachts-Doppelstockbettes befestigt, nur mit Mühe seine kostbare Last an der Wand halten konnte. Stolz war auf den Buchrücken der etwa neun bis zehn Auserwählten mit sperrigen Bleistiftziffern die laufende Nummer vermerkt. Ein Geschenk von Onkel Kurt zum 10. Geburtstag zum Beispiel trug die Nr. 1: Ditha Holesch – DER SCHWARZE HENGST BENTO – Roman eines Pferdes.
Noch heute – der Schweriner Knabe ist inzwischen selbst Großvater – ziert eine mit Bleistift säuberlich aufgemalte Nr. 3 den Leinenrücken eines 780 Seiten umfassenden dicken Bandes, der unter Hunderten von Büchern im großen Arbeitszimmer wacker seinen Platz behauptet: Gustav Schwab – SAGEN DES KLASSISCHEN ALTERTUMS.
Oft habe ich in all den Jahren dies ramponierte, mit unzähligen klassizistischen Konturzeichnungen und etlichen Vollbildtafeln reich illustrierte Buch mit der schönen Frakturschrift in meinen Händen gehalten.
Mit leisem Bedauern und einem Anflug von Neid mußte ich dann erkennen, daß der begeisterte kleine Leser von damals sich wesentlich leichter in dem äußerst kompliziert miteinander verflochtenen System von Geschlechterfolgen, wirren Kreuzundquer-Verbindungen zwischen Göttern, Halbgöttern und Sterblichen zurechtgefunden hatte als ich, der heutige, es noch vermag.
All dies ist, wie der geneigte Betrachter unschwer erkennen wird, nicht ohne Folgen geblieben.

Karikaturist, Pressezeichner, Illustrator, 1941 geboren in Litzmannstadt (heute wieder Lodz), 1959 Abitur in Schwerin, 1959-61 Lehre als Schrift- und Plakatmaler, 1965-70 Studium an der Hochschule für Grafik und Buchkunst Leipzig bei Werner Tübke und Gerhard Kurt Müller, Diplom, seit 1970 freischaffend in Berlin tätig als Illustrator von ca. 70 Büchern, Karikaturist für verschiedene Verlage, Zeitungen, Zeitschriften, seit 1980 ständige Mitarbeit bei der Satirezeitschrift Eulenspiegel, lebt und arbeitet in Berlin

Personalausstellungen
seit 1990 ca. 12 kleinere und größere Personalausstellungen in Berlin und anderern Orten im Bereich Karikatur

Ausstellungsbeteiligungen
Satiricumsausstellungen in Greiz 1982, 1984, 1986, 1988, 1990, 1994 Spittelkolonaden Leipziger Straße, Berlin 1998 CEHAG-Forum Berlin/Wilmersdorf, 1999 AOK-Landeszentrale Schwerin, Ausstellungen der KARTOONFABRIK Berlin, seit 1991 jährliche Beteiligung an der GOTHAER KARIKADE der Gothaer Versicherungen, 1990 und 1997 Teilnahme am FESTIVAL INTERNATIONAL DE LA CARICATURE in St. Matove (Frankreich).

Preise
1995, 1998, 2000 Preisträger der GOTHAER KARIKADE (3. Preis)

Reiner Schwalme

Viel mehr als die hehre Kunst ist die Karikatur der Politik verbunden. Sie lebt vor allem von Themen des politischen Alltags und ist daher vielleicht mehr ein Genre des Journalismus als der Bildenden Kunst. In den Printmedien und weniger in Galerien nimmt sie einen selbstverständlichen Platz ein. Vom Leser wird sie schneller verstanden als mancher noch so wohlformulierte Textbeitrag. Das liegt daran, dass die „Schrift" der Karikatur häufig aus Symbolen besteht. Ihre „Sprache" sind Metaphern, Zeichen, die für bestimmte Situationen, Vorgänge oder Zustände stehen und, knapp wie Piktogramme, sofort die beabsichtigte Aussage deutlich machen.

Die antiken Mythen sind reich an solchen Symbolen. Ich bediene mich ihrer sehr gern. Aber ich weiß auch, dass ich damit einem großen Teil meiner „Leser" ein Problem bereite. Wegen der wenig verbreiteten Kenntnis der Aussagen mythologischer Symbole ist leider nur ein kleiner Teil davon für die Karikatur nutzbar. So findet man immer mal wieder Sisyphos, Diogenes, Ikaros, Frau Europa auf dem Stier oder den Schwan auf Frau Leda in satirischen Zeichnungen abgebildet. Wenn ich Tantalos oder den Minotauros für eine Karikatur verwende, bin ich bereits besorgt, dass meine Botschaft nicht alle Betrachter erreicht.

Die Auguren, Harpyien oder die Göttin Eris zum Beispiel sind völlig ungeeignet weil nur einige Akademiker und ein paar Kreuzworträtsler jemals etwas von ihnen gehört haben.

Mehr humanistische Bildung braucht unser Land!

Karikaturist, Grafiker, Illustrator, 1937 geboren in Liegnitz, bis 1959 Studium der Gebrauchsgrafik in Berlin, Diplom-Designer, danach Grafiker im Verlag Tribüne, seit 1966 freiberuflicher Illustrator für verschiedene Verlage, seit 1985 ständige Mitarbeit bei der Satirezeitschrift Eulenspiegel als Karikaturist, seit 1992 ständige Mitarbeit bei der Sächsischen Zeitung, tägliche politische Karikatur, Mitarbeiter vieler Zeitungen und Zeitschriften, verheiratet, drei Söhne, lebt und arbeitet in Groß Wasserburg/ Unterspreewald

Personalausstellungen

1998 Cottbus, 2000 Galerie Kaiser, Zeuthen, 2001 Landeszentrale für politische Bildung Potsdam.

Ausstellungsbeteiligungen

Satiricumsausstellungen in Greiz 1980, 1982, 1984, 1986, 1988, 1990, zahlreiche Ausstellungen und ständige Ausstellungsbeteiligungen im In- und Ausland,

Preise

zahlreiche Preise im In- und Ausland, Goldenen Gothaer, Silbernen Gothaer, 1996 und 1997 Deutscher Preis für politische Karikatur

Für die freundliche Unterstützung von Ausstellung und Katalog danken wir:

Thüringer Ministerium für Wissenschaft, Forschung und Kunst

Stiftung **Kultur**fonds

Art regio
Ein Kulturengagement der Sparkassen Versicherung

Impressum

Der Katalog erscheint anläßlich der Ausstellung
MYTHOS UND FIGUR
Doch das Antike find ich zu lebendig
1. September - 11. November 2001

GOTHA Residenzstadt
Herausgeber: Gothaer Kultur- und Fremdenverkehrsbetrieb

Schlossmuseum, Schloss Friedenstein
99853 Gotha, PF 100319
Telefon: 0 36 21 - 82 34 14, Fax. 0 36 21 - 85 26 69

Öffnungszeiten:
Dienstag bis Sonntag 10 - 17 Uhr
ab 1. November Dienstag bis Sonntag 10 - 16 Uhr

Kurator: Peter Arlt

Katalog
Redaktion: Peter Arlt, Helga Wilfroth
Texte:
Peter Arlt, Bernd Schäfer, Allmuth Schuttwolf
Uta Wallenstein, Ute Däberitz, Gabriele Roth
Künstlerbiografien: Helga Wilfroth
Kataloggestaltung: Horst Feiler
Fotonachweis:
Lutz Ebhardt (38), Peter Arlt (6), Fotoarchiv des Schlossmuseums (6), Dieter Demme (2), Bildarchiv Foto Marburg (2), Lothar Schulz (6), Ilona Ripke (4) Reinhard Hentze (1)
Alle weiteren Abbildungen: Rechte der Künstler
Reproduktion und Organisation:
MedienService Gunkel & Creutzburg GmbH
Druck und Herstellung:
GD Gotha Druck und Verpackung GmbH & Co. KG

ISBN 3-00-008452-5

Ausstellung
Konzeption: Peter Arlt
Gestaltung: Horst Feiler
Koordination: Helga Wilfroth
Sammlungsbereiche:
Historische Räume/Kupferstichkabinett: Bernd Schäfer
Gemälde/Plastik: Allmuth Schuttwolf
Antike/Münzkabinett: Uta Wallenstein
Kunsthandwerk: Ute Däberitz
Museumspädagogik: Gabriele Roth
Technik:
Thomas Fuchs, Guntram Hofmann, Monika Wilde, Gerd Heinemann
Sekretariat: Petra Stoll